新时期企业集团
财务管理与风险控制研究

麻东锋　朱友君 ◎ 著

北京工业大学出版社

图书在版编目（CIP）数据

新时期企业集团财务管理与风险控制研究 / 麻东锋，朱友君著 . — 北京：北京工业大学出版社，2018.12（2021.5 重印）

ISBN 978-7-5639-6546-5

Ⅰ.①新… Ⅱ.①麻… ②朱… Ⅲ.①企业集团—财务管理—风险管理—研究 Ⅳ.① F276.4

中国版本图书馆 CIP 数据核字 (2019) 第 022880 号

新时期企业集团财务管理与风险控制研究

著　　者：麻东锋　朱友君

责任编辑：齐雪娇

封面设计：晟　熙

出版发行：北京工业大学出版社

　　　　　（北京市朝阳区平乐园 100 号　邮编：100124）

　　　　　010-67391722（传真）　bgdcbs@sina.com

出 版 人：郝　勇

经销单位：全国各地新华书店

承印单位：三河市明华印务有限公司

开　　本：787 毫米 ×1092 毫米　1/16

印　　张：9.25

字　　数：200 千字

版　　次：2018 年 12 月第 1 版

印　　次：2021 年 5 月第 2 次印刷

标准书号：ISBN 978-7-5639-6546-5

定　　价：48.00 元

前　言

　　企业财务风险是企业在整个运营和财务管理过程中，由于种种不确定的主、客观因素导致，企业财务现实收益与预期收益发生偏离，从而造成一定的经济损失，对企业正常发展甚至生存产生的负面影响。企业财务风险包括财务状况变坏的风险和财务成果减少的风险，大致可分为融资风险、投资风险、资金回收风险和收益分配风险等。

　　企业集团财务管理是企业内部管控工作中的重要组成部分，是保障企业资金、资源有效整合与科学配置的基础工作。在经济、信息、文化等全球化发展背景下，经济市场主体竞争日益激烈。在此背景下，企业财务管理的重要性愈发凸显，成为企业新时期现代化建设与组织结构改革关注的重点。基于此，本书以企业集团财务管理流程为研究对象，就企业集团财务管理流程存在的问题进行了简要分析，并在此基础上联系实际需求、借鉴先进经验进行企业财务管理流程的优化，用以实现企业财务管理流程的科学管控，提升企业集团财务管理的质量与水平。在这个新的历史时期，积极回应企业面临的风险和挑战，探讨企业财务风险问题，研究管控、防范财务风险的方法策略，现实意义是不言而喻的。

　　本书立足于新时期的历史背景，分专题对企业集团财务管理与风险控制进行探讨。专题一分析了企业集团研究背景和意义，专题二梳理了企业集团财务管理的理论基础，专题三研究了企业集团财务控制及其模型设计，专题四介绍了企业集团财务管理体制及其模式设计，专题五进行了企业集团财务风险管理体系研究及构建。

　　希望本书的出版能为我国现代企业财务管理能力的提升提供帮助，为我国的国有企业和集团企业的财务管控提供借鉴，为中国经济的发展改革和转型升级提供扬帆远航的动力。

　　另外，本书参考了各位前辈和同行的著作以及一些公开出版的资料，在此对他们一并表示感谢。由于作者水平有限，书中的不足之处敬请各位同行批评指正，以期逐渐完善。

目　录

专题一 绪论

1.1 企业集团研究背景和意义

1.1.1 研究背景

中国经济近几年的飞速发展令世人瞩目，随着经济的快速成长，国家综合实力的逐步增强，中国经济已经成为影响世界经济的重要因素。支撑中国经济快速发展的关键，是一批具有强大实力的大型企业集团，这些企业集团的快速成长带动了一大批相关产业的发展，从而成为我国经济飞速发展的基础（张维迎指出，大企业的销售额的 10% ~ 30% 才是自己创造的，其余的都来自别的企业）。然而，我们也必须看到，中国的很多大企业集团的发展是基于资源垄断（特别是国有企业）和近些年来国内良好的发展机遇，企业自身并没有形成基于核心能力的竞争优势。与此相对应，很多企业集团都缺乏长期持续经营能力，成功和失败都相当迅速，很多在中国资本市场上辉煌一时的明星企业现在已难觅踪迹，此即是明证。同时，缺乏核心竞争力的中国企业集团在同国外大型跨国公司的竞争中日益感到力不从心。幸运的是，政府和很多大企业领导人已意识到了这一点，不仅"做大"而且"做强"已成为人们的共识。实现这一目标的基础是提高我国企业集团的资源整合能力，这要求实现企业集团管理的集中化，因为"管理集中化是企业集团成功的一个必要条件"。麦肯锡一位资深的董事也认为"跨国公司与中国企业相比最大的进步就是实现了集中管理，特别是财务的集中管理"。一般将企业集团的管理能力视为战略执行、资源平衡和利益协调能力，即企业集团如何通过内在的管理能力实现不同经济利益体之间的协同。在集团整体战略的指导下，通过战略结构优化，实现资源的优化配置，保持集团的可持续发展。对于起步较晚，在规模和资源上都处于劣势的中国企业集团来说，通过财务控制实现集团资源的优化配置、增强企业的核心竞争力显得尤为重要。

1. 企业集团是国家经济发展的基础

对经济技术发展史的研究表明，人类社会经济组织的形式是随着社会化生产水平和社会组织能力的不断提高而不断演变和发展的。同样，企业集团这种经济组织形式也是伴随着单体企业经营与社会化生产的矛盾和日益激烈的市场竞争而产生的。

随着市场边界的不断扩大，特别是日益明朗的经济全球化趋势，企业面临的竞争范围和发展空间也不断扩大，无论是为了应对市场竞争还是自身的发展，都需要新型的企业组织形式来适应多样化、大规模的业务管理要求，因此企业集团逐渐产生和发展起来。

在市场中，单纯把企业视为一个供应商品的"生产单元"显然是不可取的。近年来逐步成为企业理论主流的新制度经济学让人们意识到"制度"的重要性：不同的企业制度（组织形式）对企业经营效率显然有根本性的影响。但根植于市场经济和以公平竞争为前提的新制度经济学近年来也日益招致人们的批评：市场交易中很难有真正的公平。市场中的弱者和强者的交易很少是平等的，交易中双方的力量对比会明显影响交易结果。如果说把全球经济作为背景，在全球竞争中，除了企业自身因素以外，国家等权力组织的影响显然不可低估。反过来，企业因素对一个国家在全球经济中的地位也会有决定性的影响。

企业集团这种组织形式，不仅能通过联合聚集其庞大的生产力，产生单个企业难以实现的组合效应，迅速满足现代大规模经济的要求，又能充分体现市场经济灵活经营的需要。企业集团的产生可追溯到 1910 年前后的通用汽车公司，杜兰特通过一体化的收购使通用汽车公司在相当长的时间内保持了"大约 30% 的成本优势"，随后零售企业西尔斯公司学习了通用汽车公司管理经济链的方法并得到了迅速发展。然而企业集团这种组织形式受到人们的普遍关注则是始于 20 世纪 60 年代的日本奇迹，人们很大程度上把日本经济的飞速发展的原因归结为企业集团，"所谓日本经济的奇迹，是基于大集团的权利和影响，以及这些集团对其成员企业活动的协调能力"。在德鲁克看来，日本企业集团的产生和形成是其学习西方企业集团对整条经济链进行规划、联合研制和成本控制的结果，并且这种"把具有经济关系而不是法律上被控制的各企业整合成一个管理体系"的企业组织形式带来少至 25% 多至 30% 的成本优势，从而"创立产业内的市场优势"。钱德勒的研究表明，只有大企业才有能力投资具有规模经济和知识密集的行业，而这两类行业的发展构成了 20 世纪世界经济增长的主干，在化工、汽车、航空、电信和计算机行业，大企业都主宰着其生产和研发。大企业决定了行业的发展方向和技术标准，全世界研发的 80%、技术创新的 71% 是世界 500 强企业所创造和拥有的，62% 的技术转移是在 500 强范围内进行的。钱德勒也曾描述美国、日本和德国的企业集团在 20 世纪是如何通过在相关经营单位之间建立协同效应而赢得竞争优势的。现在，企业集团已成为一种典型的经济组织形式，并在各发达国家经济生活中占据了主导地位。随着经济全球化步伐的加快，企业集团逐渐对整个世界范围的经济生活产生了巨大影响，如美国在当今世界的经济霸主地位，就是建立在大的跨国公司和全球品牌基础上的。在 2005 年《财富》世界 500 强企业中，美国企业有 180

多个，占 36%；而中国企业只有 18 个，占 3.6%，是美国的 1/10，且大多是资源或政策垄断型企业。

在我国，企业集团这一经济组织形式，是在改革开放初期为打破旧体制下的条块分割对社会生产力发展的严重制约、促进企业的横向和纵向经济联合而逐步发展起来的，并逐步从以行政管理关系或经济交往关系为基础的、松散的企业联合体转变为以产权关系为基础的紧密型联合体。随着我国市场化改革的深入，企业集团的发展日益规范，在不同的行业、地区都涌现出一批实力较强的大集团，并对我国经济的发展、工业化的实现及经济素质的提高起到了极大的推动作用。大型企业集团正在逐渐成为我国发展支柱产业、加快技术进步、参与国际竞争的骨干力量。

但是，我们需要注意到我国企业集团在成长历程与发展外部环境方面与国外企业集团的不同：依靠外部驱动因素获得的发展是我国企业集团发展的主流。也就是说，我国企业集团的发展更多的是基于政府政策的导向与扶持、得益于中国经济在改革开放后的飞速发展，是一种"机会驱动型"的快速发展，而不是基于自身资源与能力长期积累的自然成长，这导致我国企业集团存在一些先天性不足。王凤彬、朱景力通过对日本新日铁集团多元化经营战略与组织结构的分析，指出盲目追随市场热点、不考虑自身资源特点的多元化战略的结果只能是"无所不包，多产多死"，并强调了围绕集团战略（集团"共有型"目标），集中资源于重点产业领域，并结合产业特点来设计组织结构对于企业集团成功的重要意义。这和姜汝祥所强调的中国企业应从"机会驱动型"发展转向"战略导向型"发展有相同的含义。

2. 我国企业集团亟须加强资源整合能力

企业是通过对自己所拥有的资源进行合理配置，从而在市场上获得优势、赢得利润的。显然，每一个企业所拥有的资源都是有限的。用有限的资源满足无限的需求，就必须有一个前后顺序和轻重缓急的问题（这也是经济学的基本问题）。对于企业而言，将这些有限资源分配到对企业效益有重要影响的关键方面是最有效的，这也是企业管理和扩展的方向和必然要求。近几年来，尽管中国企业集团的规模扩展很快，但和世界大型跨国企业集团相比仍然有较大的差距。例如 2004 年世界 500 强企业集团的人均营业收入为 268.27 万元，人均利润额为 13.17 万元；而中国 500 强企业集团的人均营业收入为 58.76 万元，人均利润额为 4.22 万元，分别只相当于世界 500 强企业集团的 21.9% 和 32%。张维迎认为资源整合能力是企业做大做强的关键，中国 500 强企业集团和世界 500 强企业集团的最大差距就在于资源整合能力的高低。另外，和世界 500 强企业集团相比，我国企业集团并不具有资源优势，这更要求其提高资源整合能力，以逐步提高竞争力，实现做大做强的目标。

不同的学者对资源的定义并不相同。潘罗斯强调管理和企业家资源是企业成长的原动力。由于经验的积累，企业利用现有资源的效率不断提高，因而总是存在企业未充分利用的资源，对资源的完全运用将促使企业不断成长。沃纳菲尔特指出运营资源的重要性，如机器的产能、客户基础、生产经验和技术领先程度等，认为这些稀缺性的资源是企业竞争优势的来源。科林斯和蒙哥马利认为资源是企业在向社会提供产品和服务的过程中能够实现公司战略目标的各种要素的组合，公司的竞争优势取决于其拥有的有价值的资源，即和企业预期业务与战略最相匹配的资源。提斯进一步提出了动态能力的概念，动态能力是企业整合、发展及重新配置组织内外部资源以适应迅速变化的环境的能力，它反映了组织获得新的以及创造新竞争优势的能力，并将商业秘密、专用生产设备和工艺经验视为资源的组成部分。可以看出，企业资源可以分为有形资源和无形资源两大类。有形资源主要指物质资源，无形资源则包括管理资源、组织资源、人力资源和技术资源。其中以知识为基础的无形资源因存在知识和信息壁垒而不易被模仿，如隐性的技术诀窍、技能以及不受专利保护的技术和管理资源，其中技术和管理资源还具有不可替代性。显然，这些独有资源是企业竞争优势的来源。

企业是一个进行资源配置以为客户创造价值，从而为社会创造财富的组织。一个企业的成功与否显然取决于其所拥有的资源以及资源配置的效率。有学者认为，企业受制于或依赖于控制其资源命脉的组织，这似乎是对近年来许多中国企业命运的精辟概括。由于缺乏核心技术，很多中国企业只能以价格作为竞争基础，恶性的价格竞争又使行业面临崩盘的危险，如 DVD、电视、手机等。要想改变企业面临的约束和依赖体系，就需要战略性地有效配置现有资源和开发新的资源。在强手如林的通信市场成功崛起的华为就是一个很好的榜样，华为有名的"压强原则"就是在关键因素和选定的战略增长点上，以超过主要竞争对手的强度集中配置资源，以实现重点突破，这也应是中国企业的现实选择。

1.1.2 研究意义

1. 理论意义

（1）对几种企业理论的简要评述

从不同的角度看，企业具有不同的特征。从管理的角度看，企业是将资源组织起来有效地从事某种经济活动的载体；从政治的角度看，企业是一个多层级的实施管理与控制的官僚等级结构；从经济的角度看，企业是不同经济主体之间契约关系的联结点。这种研究角度的不同所带来的差异也反映在不同的企业理论中。契约理论从交易成本的角度来研究企业，主要关注企业和市场两种机制组织交易的成本高低，认为企业是权威机制对市场机制的替代（可以节约交易成本）；委托代理理论则从两权分离的角度出发，研究所有者如何监督和激励经营者才能实现自身收益最大化，重点关注公司治理结构的优化；资源论则强调企业的生产属性，认为企业是一系列资源的集合体，其中满足价值性、稀缺性、不可模仿和替代性标准的企业资源是企业竞争优势的来源。

在这些理论中，交易成本理论虽然是主流的企业理论，但正如冯俭等人所指出的那样，它存在两个逻辑缺陷：一是没有区分组织方法（权威机制和价格机制）和经济制度（企业和市场），从而将企业等同于权威机制而与市场（等同于价格机制）对立起来，有悖于实践中两者的交融；二是从市场的缺陷而不是从企业的目的和内在能力等方面考察企业存在的原因，犹如根据马的缺陷考察牛的存在原因一样，在逻辑上有失严谨。

以契约的不完全性为出发点的委托代理理论强调通过企业控制权的合理配置来弥补合同的不完全性，这种对企业控制权的过分关注也使其忽视了企业的生产属性，表现为它对企业收益分配的重视和对企业收益创造的忽略。所以，近年来对契约理论的批评主要集中于两个方面：一是其理论前提（理性、效率和充分信息）过于脱离实际；二是其会导致企业管理的短视化。

以企业自身生产能力为研究对象的企业资源论在弥补了上述理论对企业生产属性不够重视的缺陷的同时又产生了对企业控制权重视不足的问题，表现为它将企业的成长视为充分利用自身资源的一种自然结果。或许这是因为这一理论过于重视"企业家"的作用，但企业可以永续经营，单个企业家的寿命却是有限的，享有企业控制权的"企业家"如何实现有效传承，在现实中的反应就是很多企业的兴衰和其"企业家"的变化紧密关联。

综上所述，我们认为可以将决定企业生存和发展的因素分为两个方面：一方面是决定企业发展能力的企业自身的资源水平；另一方面是决定企业生存能力的企业自身的管理控制水平。如同汽车的油门和刹车的作用一样，企业在这两方面的能力也需要均衡发展、不可偏颇。

（2）生产属性和交易属性企业理论的融合

重视企业生产属性的企业资源论将企业拥有的异质性资源视为其竞争优势的来源。这一结论的成立需要一个假设前提，即企业的各种生产要素所有者，特别是人力资本所有者，均有足够的激励和凝聚力来建立企业竞争优势。事实上，不少企业缺乏这个前提。因此，我们研究企业可持续竞争优势来源时，不应忽视各种生产要素所有者的激励问题和生产要素的有效流动，而这正是重视企业交易属性的契约理论的核心内容。所以，我们可以通过企业可持续竞争优势将两类企业理论融合起来。企业契约理论的作用不仅限于解决各种生产要素所有者的激励问题，它也能对企业可持续发展发挥多方面的作用，如为企业的长期发展提供制度保障。需要指出的是，这里所说的制度是一个广义的概念，除了包括产权结构、治理结构、组织结构、管理制度等狭义制度外，还包括企业文化。可见，可持续竞争优势体现了企业生产属性和交易属性两种理论的融合。

两种理论的融合也可以从英国社会学家吉登斯提出的结构化理论中找到依据。吉登斯提出了二元性结构理论，认为结构就像硬币的两面：结构因行为者采取行动而生，却又支配行为者的未来行动。因此，最好将结构视为一个持续运动的流程，而非存在于"某处"的东西。吉登斯用"结构化"一词来描述这一持续运转的流程。显然，重视"行动"的企业资源论和重视"结构"的企业契约论也具有"结构化"的特征。

同单体企业一样，决定企业集团成败的最基础因素也在于其能否确立两条相互融合的生命线：具有竞争优势的产业发展线和高效率的管理控制线。前者关乎着企业集团资源配置的有效性，后者则影响着企业集团的整体性和协同性的形成，决定着企业集团能否发挥其"整体优势"，如图 1-1 所示。

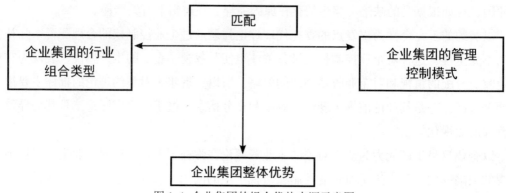

图 1-1 企业集团的组合优势来源示意图

2. 现实意义

管理的核心是控制、协调与发展，而协调从某种意义上而言也是一种控制方式。企业集团是企业的联合体，是一个通过以资金为主的多种联结纽带联合的多法人集合，核心层对集团其他层次的控制成为管理的基础。只有集团内部实现了有效地控制与协调，以企业联合或者自我发展为集团的初衷才能实现。由于集团的主要联结纽带是资本，集团这一独特的治理结构决定了只有从财务角度实施一体化的管理与控制，才可能使集团真正成为经济利益的统一体。因此，财务控制是集团控制的基本手段。

没有核心竞争力的企业是没有生命力的，没有核心控制力的企业更没有可能生存，所以说竞争能力是发展问题、控制能力是生存问题，对于多法人联合体的企业集团而言更是如此。在汤谷良看来，企业集团的生命力 = 核心竞争力 + 核心控制能力，而财务控制能力则是企业集团控制能力的核心。

实际上，随着中国经济的飞速发展，很多企业实现了跳跃式发展，表现为规模的快速扩大和经营领域的广泛涉及，这种被姜如祥称为"机会牵引型"的发展明显表现出后劲的不足。由于母公司资源水平有限和管理能力的薄弱，缺乏明确发展战略规划的中国集团企业很多都倒在了失控的多元化之路上。春都、三九、德隆、澳柯玛、太平洋集团等，多少曾经辉煌一时的明星企业都曾因为管理，尤其是财务管理的失控而陷入泥沼之中难以自拔。因此，加强以财务控制为核心的管理控制是我国企业集团做大做强的关键。

对于普遍缺乏核心竞争力的中国企业集团而言，财务控制能力的强弱就显得更为重要。正是在这个基础上，经济学家江小涓认为目前中国企业的关键是"财务安全"。以稳健著称的海信集团董事长周厚健也指出："既然我们无一例外地不掌握核心技术，那么我们的核心竞争力首先就不是技术，而是财务的可持续能力和良好的财务状况。"正是由于这个原因，姜如祥反复强调中国企业应将发展方式从过去的"机会驱动型"向"战略牵引型"转变。这种转变既需要企业有目的地培育、开发和利用资源，也需要完善产权结构等制度作用，以通过"行为"和"结构"的互动来促进我国企业集团的可持续发展。

1.2 企业集团财务管理研究综述

集团财务控制权力的来源是财产所有权。张正国指出了财务的契约属性，认为财务契约是企业利益相关者在财务活动中所形成的各种有关财产权利流转的协议或约定。葛结根构建了基于财务契约的资本结构契约理论分析框架，如图1-2所示。

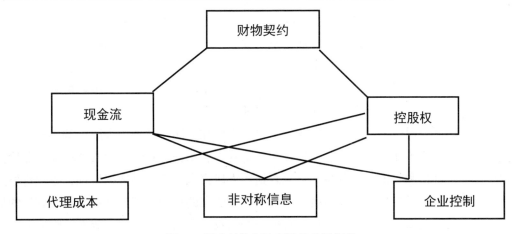

图 1-2 资本结构契约理论的分析框架

学者们普遍认为，财务控制是企业集团控制系统的一个重要组成部分，是集团控制的重要手段，财务控制的缺失将不能保证企业战略的顺利实施。企业集团财务控制的研究主要包括对企业集团财务控制的方式、方法、集团公司财物治理等方面的研究。

1. 对企业集团财务控制的方式、方法的研究

针对企业集团的财务特征，学者们提出了相关的财务控制方式。杨珊华认为企业集团财务控制包括资金控制、人员控制、制度控制和业绩评价系统四种方式。巫升柱认为企业集团财务控制系统是由财务人员控制系统、财务制度控制系统、财务目标控制系统和财务信息控制系统等形成的有机整体。其中，财务目标控制是以集团公司财务目标为基础，通过制定财务评价体系来对附属企业进行控制的方式。在对财务目标控制的具体运用过程中，学者们选取了很多财务指标（如资产收益率、利润等）来评估附属企业管理者的绩效。在国外已有的研究中，也有学者对企业过分依靠财务指标来评价企业管理者的绩效这种做法提出了批评，他们认为由于过分强调财务指标，使管理者更加关注短期的利益，而不愿意冒险进行适当地对企业发展极为有利的创新活动。

近几年来，对企业集团财务控制的研究主要集中在对财务总监委派制的研究上。其中一些学者认为，为了进一步加强企业集团母公司对子公司的财务控制能力，可以由母公司向下属子公司委派财务总监以达到监控子公司行为的目的。但是还有一些学者对此持不同的意见，他们提出企业集团在财务总监制度运作中还存在着职务、权责没到位以及制度、素质没到位等问题，致使财务总监委派制没有起到它应该起的监督和控制作用。

2. 对集团公司财务治理的研究

集团公司对拟投资的子公司采取何种治理方式要综合考量诸如资本的可得性、投资战略与资源分配等内部因素和市场环境、技术与管制外部因素，最终目的是要保证集团股权结构与集团战略的适应性。一般来说，对那些能代表集团未来发展方向、能为集团的正常运转提供大量现金流或处于企业集团产业运作核心地位等类型的企业，集团应选择控股。同样，参股方式也是执行集团战略意图的重要步骤，它或者是通过企业间的联姻而寻求资源要素和长期合作机会，或者是"投石问路"为将来增持股权、实现股权控制做准备。

资本结构的选择至少通过三个方面影响企业的市场价值：①资本结构会影响管理者的工作努力水平和其他行为选择；②资本结构通过向投资者传递内部信息影响企业的市场价值；③资本结构通过影响控制权的配置来影响企业的市场价值。这三个因素可分别被概括为"激励理论""信息传递理论"和"控制权理论"。

目前对集团公司财务治理问题的研究更多地集中在集团公司作为大股东和小股东之间的代理问题上。施莱弗、维什尼、德姆塞茨等都对大股东通过对企业的监督增加企业价值的观点提供了理论和实证上的分析。克莱森斯等人研究东亚企业的数据发现，企业价值随第一大股东现金流所有权的提高而增加，随第一大股东的控制权超过其现金流所有权的提高而下降。弗朗西斯等人发现现金流所有权与控制权的背离会增加代理成本，降低会计盈余的可信性，损害盈余的质量。朱松对2003—2004年中国境内A股上市公司的实证研究显示，在中国A股上市公司中，最终控制人的控制权比例与会计盈余的信息含量之间是显著正相关的，表现出较高的控制权的确起到了可信的承诺，增强了协同效应。徐晓东和王霞针对第一大股东的所有权与企业业绩和公司治理之间关系的实证研究表明（根据1997年前在中国上市的508家公司在1998—2001年四年的数据）：饱受非议的"一股独大"并不是上市公司业绩低劣的根源。相反，适度的"一股独大"有利于降低公司的代理成本，提高企业业绩，是在外部市场对投资人利益缺乏保护的情况下，投资人保护自身利益的重要措施，并且只有当第一大股东的持股比例达到优势表决权和绝对控股后，企业业绩和价值才是较好的。但他们的研究同时显示，第一大股东为非国家股股东的公司有着更高的企业价值、更强的盈利能力和更高的公司治理效力，而第一大股东为国有法人股股东的公司与第一大股东为其他股股东的公司在公司治理和企业业绩上的差异均不显著。邓淑芳认为这可能是国家股股东控制链过长所引起的代理成本较高、信息隐藏和寻租行为的结果。宁向东则将其归因于国有企业代理人任期有限所导致的短期行为。显然，从子公司的角度出发，一个稳定且负责任的大股东显然是其长期稳定发展所必需的。因为大股东有着强烈的管理激励使企业价值最大化，并且有能力收集信息和对经理人进行监督，从而有助于所有者和代理人之间的目标整合。

3. 简要评述

对企业集团财务控制的研究在很大程度上受到企业理论不同视角的影响，财务本身的契约属性也使得以往的财务控制研究主要集中于对"结构"的研究，而忽视了它与"行为"的互动关系。本书试图以企业资源观为切入点来研究财务控制在企业集团培育、开发和利用资源以形成可持续竞争优势的过程中的作用，以便企业集团能通过塑造高效的产业发展线和管理控制线来获得长期的可持续发展。

1.3 企业集团相关概念梳理

1.3.1 企业集团的成因

对于企业集团的形成与发展目前有许多不同的解释，大致可以归结为经济学、社会学和政治学三种，其中最常见的是经济学的解释。吕源、姚俊和蓝海林曾对上述三种解释做过系统的综述，汇总如表1-1所示。

表1-1 三种不同理论解释汇总

名称\内容	经济学解释1 交易成本理论	经济学解释2 企业资源理论	社会学解释	政治学解释
对企业组织的假设	企业与市场是两种不同的交易治理机制。企业的本质是对市场的替代。选择企业还是市场取决于交易成本	企业是不同资源与能力的集合。企业的竞争优势在于占有不同的资源或者能力，或者以不同的方式组合现有资源或能力	综合反映社会交换关系和社会体制（准则、道德、规范、文化和认知体系）。企业能否存在取决于与社会制度是否吻合	根据自身利益与国家、政府或者其他利益群体互动（如谈判）的实体，企业通过与政府合作或者对政治体制的认同取得存在的合法性
产生企业集团的外部因素	市场（特别是要素资源配置市场）失效或者不完善，契约执行制度以及其他支持市场交易的制度空缺	集团内部积累了不可交易或者无法通过市场获得的关键资源	社会交换关系、传统、文化、社会规范、道德约束等支持企业之间通过类似集团这样的网络协调彼此的交易和发展	政府经济发展政策与对战略行业/企业的投入是集团组建和扩张的基本原因

名称／内容	经济学解释1 交易成本理论	经济学解释2 企业资源理论	社会学解释	政治学解释
集团的角色与定位	以内部市场替代失效的外部市场	通过使用剩余资源进入新的产业	具体体现所在社会的交换关系、传统，在企业间建立协调、合作和控制的机制	企业集团成为实现国家或者政府政治、经济目标的工具，协助政府实现政治、经济目标，或替代政府管理、控制某些行业
研究侧重	企业集团的内部资源分配和交易市场对集团多元化、垂直一体化或者重组以及对集团增提或者成员企业业绩的影响等	集团层面和成员企业之间的资源共享	集团内部成员之间的经济与社会交换关系（包括人际关系），以及与外部社会制度的互动，集团战略和组织结构的历史演变等	政府对集团在资源和政策方面的支持与制约，集团得到的特殊待遇，由于政府行为导致集团在战略与组织结构方面的变化
集团的竞争优势	通过内部市场降低交易成本，并以规模和范围经济更加有效地利用各种专用和通用资源	综合资源优势以及成员企业之间的资源共享	成员企业之间的协作和分工比通过外部市场建立的经济关系更加稳定和有效	政府对集团的倾斜政策或者行业政策导向使集团获得"制度资本"和某些特殊资源、利益或者优惠条件
对集团发展的预测	随着市场的逐步完善，集团会逐步被更加有效率的组织形式替代	如果政府实施公平政策或者外部资源分配市场化，企业集团作为资源存储和分配的作用将会减弱	集团存在的合理性建立在传统、文化和社会制度基础上而不是完全由市场发育程度决定。集团会在相当长的阶段内存在	过分依赖政府资源的企业集团缺乏市场竞争优势。如果政府投入下降，这样的集团将率先被淘汰
对企业集团研究的意义	很好地说明企业集团多元化的内在和外在因素以及集团战略、结构和经济之间的关系	很好地说明为什么集团企业比非集团更有竞争力以及造成集团多元化的内部动力	成功地揭示了为什么企业集团在不同的国家和地区具有不同的内部组织结构	揭示了集团与政府之间的互动关系以及集团存在的政治基础

续 表

名称 内容	经济学解释 1 交易成本理论	经济学解释 2 企业资源理论	社会学解释	政治学解释
不足	简单地将集团的出现归结为外部制度因素，因此，无法解释企业集团在某些市场机制发达的地区和国家的普遍存在	无法解释为什么集团采取各个子公司为独立法人的体制	引入过多的变量，缺少明确和一致的理论规范，难以提升集团研究的理论化程度	无法解释在缺乏政府支持的社会条件下，集团仍然是一种普遍存在的经济组织形式

由表 1-1 可以看出，三种理论观点各有其优势和不足，也都可以从实践中找出相应的例证。这种对比使人联想到惠廷顿和梅耶在探讨欧洲公司战略和结构演变时的结论（见表 1-2）：公司变革是国家的文化和制度、国际制度和市场竞争的综合结果，但这三种力量的影响不是相等或一成不变的，企业总会被扯向不同的方向，因为在某个时点总是有一种特定的力量会占上风。如今，国际竞争已成为影响欧洲公司走向的主要力量。

表 1-2 关于公司发展的理论观点

理论	机制	关键要素	预言
经济普遍主义	竞争	效率	趋同
国家制度主义	构造	地域性	多样性
国际制度主义	一致性	时间	流变

这一结论也可用于企业集团发展的评价，政治、文化和社会体制对企业集团形成和发展的影响显然不可低估，这已经被证明。但是，作为企业发展的一种外部环境，它们很难说明企业集团持续成长的根本动力所在。因此，经济学理论是目前为止对企业集团研究影响最大，也是绝大多数学者在分析企业集团的成因、战略和组织结构时主要采用的理论。目前，交易成本理论和企业资源理论是企业集团研究中应用最为广泛的两大支柱理论。

交易成本理论继承了早期经济学家的市场失效或者市场不完全理论，并引入交易成本解释企业集团存在的合理性。根据制度经济学理论，交易成本本质上就是一系列制度成本（包括信息成本、谈判成本、拟定和实施契约的成本、界定和控制产权的成本、监督管理的成本和制度结构变化的成本）。市场交易成本的高低与产权制度、监督和执行契约的法律制度乃至市场中介组织的完善程度密切相关。由于绝大多数发展中国家都是在第二次世界大战以后才开始走向工业化，其市场发展的时间较短，而且与市场交易相关的制度，特别是法律制度，仍然处于发展阶段。这种外部市场经济制度的不完善导致市场无效或者市场交易费用过高。在缺乏有效的外部市场的制度背景下，企业被迫寻找其他降低交易成本的治理机制交换相关产品和生产要素。同时，制度经济学家认为，发展中国家的政府往往通过国家计划或者行政手段积极干预，甚至直接参与经济活动的方法力图推动当地经济的发展。类似的政府干预行为极大地阻碍了发展支持市场运作的制度体制。这里需要指出的是，发展中国家或者新兴市场经济中的市场失效或者失灵不仅包括一般经济学理论中讨论的市场结构失效，而且包括由于制度缺陷造成的市场"空缺"。例如，政府往往通过直接的行政裁决取代有利于执行契约的法律制度。在发展中国家，有关市场的信息或空缺可能被政府或者个别组织垄断控制，使交易双方无法获得充足的信息进行决策。在外部市场制度不完善的情况下，企业需要某种机制协调个体之间的交换活动，而企业集团恰恰通过集团内部计划和协调机制来协调企业间的交易活动，从而降低企业间经济交换的交易成本。企业集团替代外部市场的作用表现在五个方面：①资金；②管理人才；③产品和投入市场；④跨境交易活动；⑤分担或者承担风险的市场，如为创业者提供的风险金融市场等。因此，企业集团可以看作替代市场，成为在企业间进行资源配置的"微观体制"。

企业资源理论源于马歇尔的内部成长论，在其门生潘罗斯等人的推动下逐步发展起来，20世纪80年代沃纳菲尔特对其进行了综合性阐述，随后在海默的"内部化理论"中得到了深入运用，使之逐渐成为当今重要的企业理论之一。企业资源理论从企业是以资源为基础的组合体的基本前提出发，着重于从企业内部分析企业竞争能力与企业的差异性，从而为企业发展战略的制定与实施提供有效的理论指导。随着20世纪潘罗斯的资源理论在战略管理学中的复兴，有学者开始从资源整合的角度讨论企业集团的竞争优势。

根据企业资源理论，企业集团集中、发展和储存了某些从外部市场无法获得的关键资源。在这些资源中，有些属于发展中国家在工业化阶段的稀缺资源，如创业家、职业经理阶层、资金、技术、知识等；有些属于与集团所在国制度环境相关的要素，如通过与政府的关系获得的政策资源和集团建立的社会关系等。这些稀缺资源具有通用性的特点，而且很难通过市场或者跨组织转移，如收购兼并。这些资源积累的结果是推动企业不断进入新的行业（多元化），从而产生了众多单个公司，这些在各个不同行业的单个公司的集合形成了集团这种组织形式。

企业资源理论并不否定外部资本市场（主要是生产要素投入市场）失效，但是强调内部资源的不可传递性才是集团组建和扩张的根本原因。从这个意义上说，交易成本理论和企业资源理论原则上并不矛盾，而是相互补充。企业作为一个创造价值的经济组织，无论是交易成本理论的节约"交易成本"还是企业资源理论的"异质资源组合"能产生"经济租金"都是企业创造价值的组成部分。或者说，企业集团的形成既是由于内部市场对外部市场的替代可以节约交易成本，又是充分利用集团资源的整体优势创造更多价值的结果。从财务的角度看，企业集团则是以财务资源为黏结剂（内部不同资源之间）和纽带（集团成员企业之间），通过资源整合和配置以充分利用资源之间的协同效应，以及获取和开发新的战略资源的结果。

1.3.2 相关概念的界定

1. 企业集团的含义

到目前为止，学术界对企业集团的定义尚未达成共识，下面简单列举一些学者给出的定义。

斯特罗恩将企业集团定义为"各种各样的企业的长期的联合体，并由同一个人（法人）所有和经营"。

莱夫认为企业集团是由同一个行政管理层或处于同一个财务控制下的在各种不同市场运作的公司群。

格兰诺维特认为企业集团是企业联合体，通过不同程度的法律和社会上的联系，处于一个核心或占优势的企业控制之下，同时在几个市场上运作。

金森久雄等人将企业集团定义为"多数企业相互保持独立性，并相互持股，在财务、人员派遣、原材料供应、产品销售、制造技术等方面建立紧密关系而协调行动的企业群体"。

哈纳和里夫金认为企业集团是一个企业族群，其中的成员企业具有独立法人地位，并通过正式或非正式的纽带形成一体，通常通过协调彼此之间的关系采取一致行动。

韩国公平交易委员会将企业集团定义为"由公司组成的企业集团，其中超过300/0的股份由某些个人或者这些个人控制的公司所有，因此整体管理，如任命执行官受到极大的影响"。

中国统计局认为企业集团是"以母公司为主体，通过投资以生产经营协作等多种方式，与众多的企事业单位共同组成的经济联合体"。

我国《企业集团登记管理暂行规定》将企业集团定义为"企业集团是指以资本为主要联结纽带的母子公司为主体，以集团章程为共同行为规范的母公司、子公司、参股公司及其他成员企业或机构共同组成的具有一定规模的企业法人联合体"。

捷盟咨询企业集团课题研究组认为"企业集团是现代企业发展的组织形式之一，是以一个或少数几个大型企业为核心，通过资本、契约、产品、技术等不同的利益关系，将一定数量的受核心企业不同程度控制和影响的法人企业联合起来组成的一个具有共同经营战略和发展目标的多级法人结构经济联合体"。

吕源、姚俊和蓝海林将企业集团的定义分为广义和狭义两种类型。其中广义的企业集团的组成包括正式的股权结构和非正式的社会联结和纽带，强调成员企业间的多种形式的纽带，如家族、等级制度、语言、种族和地区，这些纽带加强了成员企业间的财务和组织上的关系。狭义的企业集团定义则将成员企业限制在那些只有股权关系的企业。

从财务观点来看，我们更认同陈佳贵、黄速建的观点，即"企业集团是企业在市场竞争中为拓展自己的经营业务、增强自身的竞争能力而形成的由多个法人组成的、以产权关系为其基本纽带并以此形成的多层次、具有多种功能、一般从事多国化与多样化经营的经济组织"。因为产权纽带是集团公司对成员企业进行财务控制的前提。

王凤彬对企业集团的范围边界给出了一个较为系统的界定，如图1-3所示。

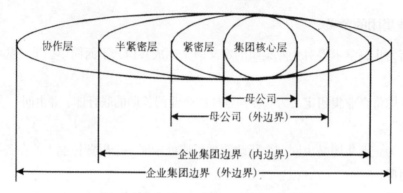

图1-3 企业集团的构成单位及组织边界图

从图1-3可以看出，集团核心层是指集团母公司、集团公司或主体企业；紧密层是指企业集团拥有绝对或相对控制权的成员企业；半紧密层是指集团参股的企业；而协作层则只是与企业集团基于合同、技术等联结。前两者是基于股权，后两者则主要是基于经营上契约的联结。因此，我们将企业集团财务控制研究的范围限定在股权联结的范围内，即图1-3中企业集团的内边界的范围内。此外，从法律界定和研究需要出发，我们认为集团公司关系应该满足两个条件：一是实际的控股权；二是经济活动的控制权。母子公司就是两个独立法人之间由于实际控股权和拥有产权的一方对另一方的经济活动进行实际的干预和管理，从而形成的组织形式。某些纯粹的以资本投资收益为特征的控股公司和共同投资基金等，虽然也可能持有某些公司的部分甚至相对多数股权，但是由于这些公司主要采取"用脚投票"的方式，所以不是本书所要研究的范畴。

上述企业集团的定义都强调了企业集团成员企业保留独立法人资格，以及成员企业之间的正式和非正式的纽带联结，促使成员企业可以在产品、市场、供应链等领域进行合作和协调等。一般认为，企业集团具有三个基本特征。

①企业集团是一个多法人联合体。集团内部各成员是具有独立法人资格的企业，具有相对独立的经营地位和决策权力。也就是说，从法律上看，集团成员企业具有和集团其他企业平等的、独立的法人地位。

②企业集团可以由一个核心（或主导）的个人、家族或企业以绝对控股或是相对控股的方式居于主导地位，协调或领导集团其他成员企业。但在不同的国家和地区，核心企业影响和控制成员企业的程度是不同的。集团核心在企业集团中起主导作用，它必须维持成员企业行为得以执行和协调性，以实现集团的整体发展战略。

③企业集团的成员企业间通常是通过交叉控股、互相参股、关联交易等形成法律、经济和社会纽带来联结，并以此抵御外来竞争或收购兼并的威胁。

2. 企业、企业集团和市场

企业集团是介于企业和市场之间的一种中间性组织。企业、中间性组织和市场的区别如表 1-3 所示。

表 1-3 企业、中间性组织和市场的区别

名称 项目	企业	中间性组织	市场
交易成本	低	较低	高
激励程度	弱	较强	强
所有权	统一	部分统一 / 分散	分散
协调机制	权威	科层和价格	价格
控制对象	行为	行为及产出	产出
交易关系	合作	竞合	竞争

从表 1-3 可以看出，企业和市场是两种组织经济活动的基本形式，都具有协调的功能，其中前者是基于科层组织的管理协调，后者则是基于价格体系的协调。按照交易成本的解释，管理协调对价格协调的替代（可以降低交易成本）是企业存在的原因。由于两种协调机制各有其优势，就产生了综合利用两者优势的中间性组织，而企业集团是中间性组织的常见形式。因此，企业集团和企业、市场或其他经济组织形式一样，是配置资源的一种重要手段。企业集团等中间性组织存在的原因是因为它在节约市场交易费用的同时能降低企业组织费用，从而使整个经济运行的费用最低。

新近的研究发现，信息技术的应用如果有合适的组织方式变革与之匹配结合的话，就会带来生产率的显著提高。德威特和琼斯将信息技术发挥的功能归结为两种——信息效率功能和信息协同功能。前者是指应用信息技术以提高组织信息的收集、传递、处理和运用的效率，节约时间和成本；后者是指应用信息技术将个人或部门的信息进行汇总整合，以跨越组织边界，被更多的人所共享和利用，以实现“1+1>2”的协同效应。信息技术的这两种功能有利于节约生产成本和协调成本，从而有利于企业跨越组织边界进行合作和交流。曾楚宏、林丹明分析了应用信息技术后三种基本经济组织的演变趋势，认为中间性组织将是企业和市场两种组织形式演化的最终结果，如图 1-4 所示。

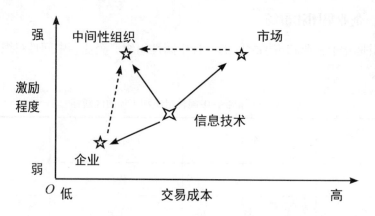

图 1-4 应用信息技术后三种基本经济组织形式的演变趋势

企业集团本身的发展在很大程度上是和信息技术的进步相联结的。企业集团整体优势发挥的基础在于其相对于外部市场的信息优势，这种信息优势既节约了成本，又有利于提升企业集团的价值创造能力。如果说成本节约的功能会由于外部市场的完善而逐渐趋于消失的话，那么企业集团更高的价值创造能力则是市场或单体企业不能替代的。

3. 财务控制

按照控制论的解释，控制就是人们根据给定的条件和预定目的，改变和创造条件，使事物沿着在可能性空间内确定的方向（状态）发展。对于组织而言，控制是影响组织成员行为的过程，一个组织的控制系统是一套使人们的活动更有利于目标实现的机制。控制系统的主要任务包括：①必须能够以合适的方式影响人们的决策和行动；②协调组织内部不同部门的工作；③提供经营状况和人员（部门）绩效结果的信息。西蒙斯认为"管理控制系统就是管理人员为保持或改变组织内部活动模式而采取的正式的、基于信息的例行程序和步骤"。

财务控制是管理控制的组成部分，传统的财务控制主要强调依据财务计划（目标）对企业实际的财务活动进行监控，以使其达到财务计划（目标）的要求。基于财务治理观点的财务控制则强调以所有权安排为基础的财务控制权和财务收益分享权的有效安排。汤谷良认为，财务控制主体是公司董事会；财务控制目标是企业价值最大化；财务控制客体首先是人以及由此形成的内外部财务关系，其次才是各种不同的财物资源或现金流转；财务控制的实现方式是一系列激励措施与约束手段。

同单体企业一样，企业集团的财务控制也包括两个层次：出资者（所有者）角度的财务控制与经营者（管理者）角度的财务控制。这两个层次缺一不可，前者是指出资者的资本控制，后者是指企业集团管理者对其经营的法人资产的财务控制，这也是通常意义上所探讨的企业的财务控制。企业集团和单体企业财务控制的不同可能在于其更加重视前者，但这并不意味着可以轻视经营者角度的财务控制，战略和执行的完美结合才是企业集团成功的前提。

调查发现，很多研究企业集团财务控制的论文都回避了对其概念的界定。王月欣认为"企业集团财务控制是以集团公司为主的财务控制主体在给定的环境下，采用一定的方式使集团资本运动链沿着集团公司财务价值最大化的目标发展"。这一定义似乎只关注企业集团作为核心企业，而没有考虑企业集团作为一个整体的财务控制目标。王月欣也强调其研究的"企业集团范围进一步缩小，只是通过资本控股关系形成的法人联合体，包括核心企业和紧密层企业。"我们认为，这显然忽视了企业集团的整体优势。一般认为企业集团有以下优势。

第一，集团的"舰队"优势。由于集团企业之间的产权纽带关系，企业集团对成员企业拥有控制权，通过在集团成员企业中的合理分工，集权和分权的合理分配，既可以使集团在市场竞争的汪洋大海中像"联合舰队"那样协同作战，抗击外部激烈的竞争，又能使每一个成员企业像舰队中的小船那样保持着对市场快速反应的灵活性。另外，由于企业集团的实力雄厚，使企业集团比一般的单法人企业更容易进入那些只有凭借企业雄厚实力才有可能进入的具有较高进入壁垒的资本密集型行业和高新技术产业，以及进入竞争激烈的国际市场，并可在该行业和国际市场中站稳脚跟。

此外，企业集团的"舰队"优势还体现在规模经营上，包括内部规模经济和外部规模经济，即借助于集团的生产规模和对上下游的"垄断"作用提高销售价格、压低原材料采购价格，从而获得较高的利润。

第二，集团的"垄断"优势。企业集团的雏形是 19 世纪的契约型经济组织——卡特尔、辛迪加、康采恩和托拉斯，后来逐步从契约型发展成为产权纽带型，集团雏形是为了垄断，现代企业集团的目的还是追求垄断（市场控制能力）。由于企业集团的生产规模从理论上讲已经超出了一般企业的生产经济规模（多个相同经济规模的生产企业叠加），使得企业集团通常在主营产品中有相当高的市场占有率，进而影响甚至左右该产品的市场价格及供给情况，这在能源行业尤其明显。例如，作为铁矿进口大国的中国，在铁矿石价格的定价权上却缺少发言权，人们将其原因归结为中国钢铁企业规模较小（数量多而缺乏规模）。此外，企业集团对一个国家国民经济的影响也甚为可观，如美国在当今世界的经济霸主地位，就是建立在大的跨国公司和全球性品牌的基础上的。

第三，集团的"协同"优势。在企业集团内部，协作取代了竞争成为生产经营的主导因素，有效的联合能够产生"1+1>2"的总体效应，从而使集团总体中的个体也能从中受益。企业集团的"协同"优势首先体现在"范围经济"上，集团通过对成员企业的专业化分工，合理地利用自然资源，使之获得最合理和最全面的开发。其次，企业集团的"协同"优势还体现在技术创新上。企业集团在技术创新方面的协同优势可以从以下几个方面体现出来：自我催化效应、低成本扩散与收益放大效应、风险分散效应、技术导向效应和协同整合效应。

企业集团的优势一般被归结为四大经济效率（规模经济、范围经济、速度经济和网络经济），那么，取得这些优势的前提应该是企业集团所具有的竞争优势，或者说是基于以集团战略为基础的集团内部市场资源配置的有效性。

因此，我们认为，企业集团的财务控制应是母公司以集团整体战略为基础，从财务角度对企业集团通过培育和开发战略资源以形成竞争优势、通过有效配置和整合企业集团资源以充分利用竞争优势以及通过高效率地利用资源以实现竞争优势这一过程进行的监督控制，目的是实现企业集团整体价值最大化。也就是说，企业集团整体战略是集团财务控制的依据，按照集团战略进行资源配置和开发是财务控制的主要任务，而监控企业集团整体的资本运营则是集团财务控制的基本手段。

专题二　企业集团财务管理的理论基础

2.1　企业资源理论

企业资源理论主要源于 20 世纪 20 年代马歇尔的内部成长论，在其门生潘罗斯等人的大力推动下逐步发展起来，直至 20 世纪 80 年代由沃纳菲尔特对其进行了综合性阐释，在 20 世纪 90 年代由海默等学者做了深入性运用，渐渐使之成为当今重要的企业管理理论之一。企业资源理论从企业是以资源为基础的组合体的基本前提出发，着重于从企业内部分析企业竞争能力与企业差异性，从而为企业发展战略的制定与实施提供有效的理论指导。

企业资源理论的兴起不是偶然的，而是知识经济时代的必然产物、网络经济发展的客观要求。知识经济时代，一个最基本的特征就是将知识提升为一种至关重要的生产要素，知识不再是资本的附庸，而是已经替代财务资本成为最稀缺的资源，对知识的拥有成为影响企业竞争的关键因素；网络经济则是重点强调资源信息在不同组织间交互流动所创造的经济价值，着眼于知识资产的长期增值。因此，知识经济与网络经济的发展，使得知识管理成为企业管理的中心，而企业资源理论正是顺应了这一企业管理的新要求发展起来的。

2.1.1　企业资源概念的界定

1. 企业资源的含义

企业资源理论认为企业是资源的特殊集合体，那些与竞争对手相比具有资源的独特性和优越性，并能够与外部环境匹配得当的企业具有竞争优势。但对于资源的概念却存在多种不同的观点和意见，主要观点有以下几种。

沃纳菲尔特认为"任何能够带给特定企业优势或劣势的事物都可以视为企业的资源"。这也是对企业资源最广义的界定。

巴尼认为企业资源是指企业的所有资产、能力、组织流程、公司属性、信息、知识等，能被公司控制的，能够提高公司战略的构思、制定与实施的，并能为公司发展创造价值与效益的所有要素的统称。这个概念强调了资源对企业的有用性。

迪尔里克斯和库尔认为企业资源是指组成企业的基本要素（资源要素）、基本要素间关系等的统称，也就是指所有能够创造企业价值的要素及其组合关系的总称。

郭培民认为企业资源是指能够为企业控制并用来创造企业价值的资源要素以及要素间关系等的统称。

可见，对企业资源的准确界定是极为困难的，人们能够认同的界定是企业资源是能够为企业发展创造价值的一种价值要素。本书采纳郭培民对企业资源的定义。因为这一定义具有以下优点。

第一，强调了资源可控性，从而有利于界定企业资源的边界与外延。

第二，强调了资源的价值性，这符合财务视角的资源观，即资源应该是对企业发展有用的。

第三，强调了资源应包括要素间关系，这符合资源与竞争优势的因果关系。从实际情况来看，企业资源并不是一个孤立的单元，而是与企业其他资源有着强弱不同的联系。

第四，强调了企业资源的等级层次性，认为企业资源存在由简单到复杂、低级到高级的差别。也就是说，不同的要素组合方式与类型会形成不同等级与层次的企业资源，这也是企业资源理论的基本出发点。

此外，企业资源理论对如何界定资源与能力这两个紧密相关的概念也存在不同意见。例如科利斯和蒙哥马利认为企业资源包括了企业拥有的有形资产、无形资产和组织能力；格兰特则认为区分企业的资源和能力很重要，他认为企业资源包括有形资源、无形资源、人力资源和人力资本等，如何将企业的各种资源组合起来为企业创造更多价值，则构成了企业的能力。从表面上看，将能力与资源区分开来具有一定的道理，但在具体的管理实践过程中，由于企业资源与企业能力存在较强的互动关系并且往往交叉在一起且边界模糊，将两者截然分开是不现实的。因此，在本书中将企业能力包含在企业资源外延，企业能力只不过是企业中多种资源要素及其关系融合在一起形成的高级企业资源形式。

2. 企业资源的分类

企业差异来自企业拥有资源的差异，不同资源具有不同的价值创造力与特性，对创造企业持续竞争力有着不同的影响。但由于企业资源本身的多样性特征，导致企业资源分类标准也存在较大的差异，常见的分类方法有按资源的构成内容和重要性进行分类两种。

（1）按资源的构成内容分类

常见的按资源的构成内容进行分类有以下几种。

以潘罗斯等人为代表的将企业资源分为两大类：实物资源（物力资源）与智力资源（人力资源）。实物资源包括资金、设备、厂房等，智力资源包括人力资源、知识产权、市场资源、基础结构资源、企业文化资源等。

科利斯和蒙哥马利将企业资源分为有形资源、无形资源和组织能力三大类。有形资源是唯一可以体现在企业资产负债表上的资源，包括资金、固定资产、存货等；无形资源包括企业的声望、品牌、文化、技术知识、专利和商标，以及日积月累的知识和经验；组织能力是企业人力资源、物力资源与组织投入产出过程的复杂结合的结果，体现为提高企业效率和效果的能力。

巴尼、威廉姆森等人将企业资源分为物质性资本资源、人力资源和组织资本资源三大类。

物质性资本资源主要是指财务和实物资源，由于它们本身具有标准化属性，所以很少成为企业竞争优势的来源。

人力资源指的是企业中所有体现在企业员工身上能够为企业发展创造价值的才能，该能力不仅包括员工在公司外学习获取的知识，还包括其在公司内获取的知识。人力资源可以具体分为技术型人力资源、管理型人力资源、业务型人力资源三大类。

组织资本资源是指能够提高组织对所承担任务的协调能力的资源的统称，组织信息（或知识）是形成组织资本资源的基本源泉。组织资本资源主要包括企业管理制度、企业高效协调与运行能力、企业管理能力（如财务管理能力、采购管理能力、人事管理能力等）、管理信息系统、团队建设能力、对企业资源的综合利用能力、企业内部流程管理能力以及企业决策能力等。

格兰特将企业资源分为有形资源、无形资源、人力资源和组织能力。其中，有形资源包括财务资源和实物资源，无形资源包括技术资源和声誉等。

本书采用第一种分类方法，即将企业资源分为实物资源和智力资源两类。根据国际会计准则委员会的定义，财务资源和实物资源实际上是同一事物的两个方面，两者的本质是相同的。由于财务资源不存在计量上的困难，而且从企业对外公开提供的财务报告中可以直接获得，所以通常用财务资源来指代企业能够进行货币化度量的资源。智力资源或知识性（无形）资源，尽管名称不同，但都特指那些能够给企业创造价值，却不能直接以货币度量的资源。为便于与财务资源相对应，本书将此类资源统称为智力（知识）资源。此外，将智力资源划分为人力资源、结构资源与关系资源三类，已经得到了许多学者的认同。人力资源被定义为"企业全体员工与管理者的知识、技能与经验"；结构资源被定义为"企业特有的组织流程、结构、策略与文化，能够用来解决问题与创造价值"；关系资源被定义为"企业与顾客、供应商、合作伙伴的良好关系的建立、维护与开发"。

（2）按资源的重要性分类

根据重要程度将企业资源分为以下四类。

①战略资源，指无法通过外部市场获取的资源，缺乏这种资源将导致公司整体的、全局的和长期的损失。

②稀缺资源，这类资源可以通过外部市场获得，但在外部市场上获取这一资源的代价很大，且其权益缺乏保障。

③重要资源，指公司进行生产经营活动不可或缺的资源，如管理经验、一般技术等。

④一般资源，这类资源也是企业生产经营活动所必需的，但其存在完全竞争市场，可在外部市场上以公开价格获取。

显然，前两类资源是企业获取超额收益的基础，特别是战略资源，在很大程度上是依靠公司内部经验和知识积累形成的，也是企业核心竞争力的来源。后两类资源则往往只能给公司带来一般的收益。需要注意的是，同一种资源在不同情况下其重要性程度并不相同，这既取决于某一资源在某一时点的稀缺程度，也取决于企业对所进入的行业的选择（业务机会集合）。

在传统的企业资源理论的文献中，财务资源由于既不稀有又可以被模仿和替代，所以一般不被视为能为企业提供可持续竞争优势的战略资源。然而，财务资源的可获得性及其对企业产品竞争战略调整变化的适应性，对企业竞争战略的成功有重大影响，财务灵活性本身已成为一项竞争优势因素。迈尔斯等人的研究，均证实了公司增长机会与其财务杠杆具有显著的负相关关系。蒂特曼证实在主要竞争对手之间经营效率无差别时，财务杠杆低本身就是一项重要的竞争优势因素。这也是江小涓和周厚健将财务安全视为目前中国企业发展的关键因素的原因。

对于处于形成发展期的企业来说，财务资源的可获得性更重要。在初创期，由于企业产品尚未被消费者认可，企业产品的自身投入要大于产出，产品本身需要不断地投入资金，所以能否及时获得足够的财力资源就成为决定企业能否生存的基本前提。在发展期，企业还需要投入大量的财务资源用于产品开发和市场开发，并且需要提供较高的薪酬吸引有能力的员工，但此时融资往往很困难。同时，在发展期的投资是企业积累战略资源的必需途径，因此，在这一阶段财务资源也应被视为可持续竞争优势的来源，或者说财务资源在这一阶段就是企业的一项战略资源。

2.1.2 资源观视角的企业集团

和交易成本理论将关注重点集中在权威机制和价格机制配置资源的成本比较不同，企业资源理论将关注的重点从对外部市场的支配转向对内部资源的有效利用。福斯等人认为，经济组织的演进并不一定仅仅取决于交易成本，在动态的环境变化中，经济组织更多的是通过效益优势获得存在和发展的依据。麦多克也指出企业之所以存在，并不仅仅是因为它能够节约交易成本，更重要的是它能够将各种资源进行有效协调而生产出产品，持续地创造经济价值。在潘罗斯看来企业是"建立在管理型框架内的各类资源的集合体"，其功能是"获取和组织人力与非人力资源以营利性地向市场提供产品或服务"，企业的成长主要取决于能否更为有效地利用现有资源，是企业的剩余资源刺激着企业实行多元化经营。钱德勒也指出"企业向新的市场及新的产品线扩张，有助于确保其资源的持续利用"。理查德森则区分了"替代性活动"和"互补性活动"，认为前者是指依存于同一能力的活动，后者是指以一定的规模和专业化程度为基础而与其他活动相匹配的活动。在理查德森看来，

"替代性活动"应在企业范围内组织和协调，因为一个组织的能力发挥倾向于自身精通的经济活动专业化；"互补性活动"则应通过各种中间组织形式来实施；对于既非"替代性活动"也非"互补性活动"的活动而言，更好地组织经济活动的方式是市场。按照资源论的观点，企业的增长与企业可能拓展生产领域的知识和能力的积累密切相关。例如，钱德勒指出组织能力对于企业发展的重要意义，认为组织能力是工业资本主义发展的核心动力。普拉哈拉德和海默则强调核心能力是企业持续竞争优势的来源，而核心能力是"组织中的群体学习，特别是如何协调各种不同的生产和整合不同的技术流"。巴尼也认为持续竞争优势来自企业所控制的有价值的、稀缺的、不能完全模仿和不可替代的资源和能力。如果将能力看作是企业中多种资源要素及其关系融合在一起形成的高级资源形式，那么作为资源集合体的企业的竞争优势不仅体现在某一类型企业资源的价值创造能力，而且体现在企业资源整体组合的价值创造能力。企业只有获得了能够补偿自身不足的资源时，才能够更加有效地发挥已有资源的价值创造能力。企业资源的获得有内部积累和外部扩张两条途径，这也是企业扩张的途径，如图 2-1 所示。

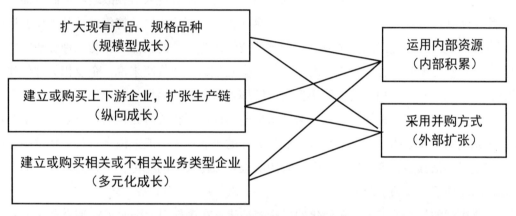

图 2-1 企业成长的一般路径

图 2-1 是现有的基于资源论观点解释企业集团存在原因的主要理论依据，即企业资源不同维度的扩张导致了企业规模的扩大，进而产生了集团化的企业，其成长模式即横向一体化、纵向一体化和多元化。企业的这一成长路径已被企业实践证明，这和明茨伯格等人描述的企业发展阶段有相同之处，即企业以现有资源为基础的多元化扩张是顺理成章的，如图 2-2 所示。

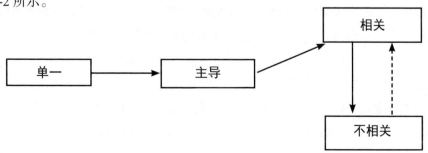

图 2-2 公司发展的阶段

尽管对于不相关多元化存在不同意见，但在资源论看来，企业业务由单一到主导再到相关多元化是毋庸置疑的。沃纳菲尔特对旨在收购现有资源的互补资产以弥补自身之不足的相关多元化非常推崇。提斯等人也认为"相关多元化——在现有能力基础上形成的多元化——可能是资源能力分析框架内唯一具有积极意义的多元化形式"。对于不相关多元化，正统的资源论者对其持反对态度，认为它无法在不相关的业务之间以经济的方式共享或转移资源，却导致公司总部产生较高的管理费用。对不相关多元化的正面解释，威廉姆森强调其所具有的信息优势，认为公司总部不仅在获取业务组合的信息方面比外部投资者具有优势，而且在分配和监管投资方面也会比外部市场做得更好。凯伊则指出了不相关多元化分散风险的作用。格兰特则以资源论为基础提供了一个分析不相关多元化的理论框架。格兰特扩展了资源的概念，相对于运营资源，他提出了企业层面管理资源的概念，并以此为基础提出了企业相关性的概念。企业相关性是指不同业务之间在风险、投资规模、生命周期和时间跨度等方面具有相似性。当企业存在这些相似性时，这些企业就有着相似的决策逻辑、相似的决策问题和相似的执行要求，因此，可以使管理人员在战略和控制方面开发出适用于所有业务的技能。从这个意义上，惠廷顿、梅耶认为格兰特仍然是基于潘罗斯的管理资源的观念，只是强调了企业一级管理的技能作为资源的技能、作为一种资源的重要性。在普拉哈拉德和贝蒂斯看来，对于不相关多元化的企业集团来说，企业相关性的建立只需要一个拥有知识和相关技能的小型高层管理团队形成的精悍的企业集团总部，并不需要较高的管理费用。但正如惠廷顿、梅耶指出的那样：不相关多元化的企业集团一定会比相关多元化的企业集团短命。只具有企业相关性的企业集团一般来说会对某一特定高管团队具有较强的依赖性，鉴于这样一个高管团队很难保持长期的稳定，不相关多元化的企业集团也因此缺乏长久的生命力。

需要注意的是，关于企业多元化的讨论多是建立在多部门大企业（M 型企业）的基础上。然而，作为企业集团战略决策中心的集团总部与具有独立地位的成员企业之间的紧密联系非常接近 M 型企业总部与分部之间的关系。就组织结构与功能的适应性而言，企业集团与多部门大企业之间并无本质的差异。钱德勒曾指出多系统、多功能、多产业的大企业，是美国式的企业集团，认为由于税制、法律方面的原因，未成立子公司而成立了事业部，事业部有财务、采购、生产、销售、研究开发等部门，成为能够独立运营的主体，而公司总部则建立有效的中央监控组织机构，按事业部的投资收益率和事业成长率分配资金、协调各部门的关系，从而提高各部的效率是美国式的企业集团的特色。米尔戈罗姆、罗伯特和埃图等也曾做过类似的表达。因此，企业集团化和多元化都是出于对经济的追求，多元化是企业集团化的一种扩张模式，但不是唯一模式，而企业集团又为多元化创造了条件。所以，集团化本身也是一种企业成长行为，而企业多元化也多以集团形式出现。企业的集团化和多元化之间有很密切的关系，国外大型企业集团化的成长历程也证明了这一点。王凤彬也曾指出，由于存在母子公司双重征税而导致美国大企业多采用事业部的组织形式。曹凤岐则提出，我国在选择企业集团组织结构时，应更多地采用 M 型企业结构，这样既能加强集团总公司的宏观管理与调控，又可调动分公司、子公司和总公司内部各部门的积极性。

我们认可企业资源理论是知识经济和网络经济发展的必然产物的这一观点。知识经济时代，知识作为一种资源已成为企业获取竞争优势的重要基础。知识资源重要性的提高也逐渐改变了企业管理的重心："使其从纵向管理转向横向管理，从单向的命令与控制转向交互作用，从计划管理转向人力资源管理，从管理主义转向网络生存。"就像表2-1所示那样，尽管获取企业竞争优势的资源基础在发生变化，但围绕企业战略来进行资源配置和开发，通过分权化管理以实现运营的效率，由此形成的结构表现出合理性与协同性，进而实现整体大于部分之和的效果。

表 2-1　多部门大企业的演化

类型\n项目	投资者型	管理型	网络型
起始年代	20 世纪 20 年代	20 世纪 60 年代	20 世纪 80 年代
关键资源	资本	规模与范围	知识
关键技术	财务比率	计划	交换
核心功能	财务与会计	组织规划	人力资源
结构形式	金字塔	梨形	薄饼
代表公司	杜邦	通用电气	ABB

综上所述，企业集团的形成和发展是企业对环境适应—反应的结果，企业在积累独特资源和组织能力的过程中，成为既相对独立又相互依存的行为主体，这种自主且互相依赖的对立统一使多法人联合体形态的企业集团的出现成为可能。从这个角度来看，企业集团"实质上就是母子公司双方资源关系的外部化拓展以及新型资源关系体系的构建，即母子公司资源关系的对接"。当一个企业在市场竞争中能够积累起具有异质性的资源集合时，就有可能获得某种竞争优势，这种竞争优势又会促使企业对其进行扩展运用以追求最大收益。同时，企业必须不断获取和开发能够给企业带来竞争优势的战略资源，以使企业的战略资源能适应企业内外部环境变化。因此，企业从外部获取资源的能力及其内部整合利用资源的能力反映了企业的竞争优势。但由于不同企业积累资源的专业化方向以及效率各不相同，在进行资源整合时，如果强行划一就可能破坏自主企业资源积累的源泉。这时，控制一个企业但同时保留其独立的法人资格就成为一个可行且必要的方法。因此，如果说企业所具有的竞争优势与其所嵌入的关系网络是相关联的，那么相对于其他关系网络，企业集团更加依赖基于股权的协调和控制，因为这更有利于母公司获取信息、保护母公司向子公司转移的异质资源和组织能力，同时是保护这些资源和能力的一种定价方式。

2.1.3 财务资源在企业集团形成和发展中的作用

从资源论的角度看，母子公司关系就是建立在一定的资源关系基础上的一种特殊的企业间关系。这里的资源关系，在法律上有两点要求：一是能够货币化衡量，以保证法律监督的客观性；二是应该超过一定的股权比例，以形成两公司间的法律责任关系。关系的特殊性体现在母公司可以运用母子公司关系形成的权力对子公司的经营活动进行管理和控制。前面已经指出本书对母子公司关系的界定是建立在控制与被控制、管理与被管理的法律责任关系的基础上。按照对企业资源的两分法，可以将其分为财务资源和智力资源两大类。财务资源的最大特性在于其具有同质性和可以货币化度量，这一特点使其成为企业资源（要素）间的"黏结剂"和确认法律责任关系的基础。因此，在企业集团的形成和发展过程中财务资源也具有不可替代的重要作用。

1. 财务资源是母子公司之间资源流通的"物质管道"

单纯从企业资源管理角度来看，提高企业资源利用效益主要有两种管理途径：一是对企业资源的优化分配管理；二是提高企业资源的共享性管理。分配管理主要是针对具有排他性的竞争性的资源管理，即是对财务资源的管理；而共享性管理则是对具有共享特性的智力资源的管理。因为智力资源不同于财务资源，它最大的特征就是共享性，即它不会因为应用主体数量的增加而削弱该资源的使用价值，反而会随使用频率的增加而不断完善与提升价值创造力。在企业集团网络中，企业资源被共享利用的频率将远远多于单一企业组织，并且会随着集团网络的不断扩展而增加。如若母公司具有较强的财务管理能力，它就可以将这一资源扩散到该网络系统中的任何子公司中去。同时，网络中某子公司塑造了一种具有较高价值的资源如市场资源，在母公司的协调下，就可以将该资源的价值拓展到整个网络系统中进行共享。跨国公司的母公司对关键资源的创造与共享利用、推广的能力，是其能够在世界各地实现快速扩张与发展的关键所在。

可见，财务资源是构建母子公司的物质基础，财务资源关系是实现母子公司间智力资源流动与扩散的法律保障与通道；而智力资源关系则是母子公司间智力资源交换的结果，是母子公司间能力的交融，更是母公司资源运作与管理能力的延伸，是真正推动母子公司发展的动力。总之，物化资源关系是智力资源关系稳定发展的利益保障平台，是智力资源关系的依托，是母子公司网络系统内部资源运营的物理平台。因此，我们可以这样形容两者之间的关系，物化资源关系是连接母子公司的管道，智力资源则是在这根管道中流动的能量，是用来推动母子公司更加有效运转与发展的动力。

如果说随着经济的发展和技术的进步，企业集团的财务资源由于其同质性特征而很难成为支撑集团的战略资源的话，智力资源则由于其异质性而日益成为集团核心竞争力的基础，并决定着集团的发展动力。同时，智力资源的特性也意味着其扩散所形成的契约关系具有很强的不完全性，因此，需要以财务资源关系为依托。按照这一思路，资源自身的特性及整合需要的不同造成企业间关系行为的差异。

从动态来看，母子公司是双方根据彼此的发展需求，利用这一关系资源平台，通过资源在双方的扩散，将双方的资源进行融合再造，为双方的发展创造新资源的过程，是一个动态化的不断发展变化的过程。在这一过程中，以股权为基础的资源联结纽带是一个重要的"资源管道"，连接了集团成员企业资源的相互输送。也就是说，物化资源的联结成为知识资源等扩散和传输的"管道"。企业集团是将难以定价的企业异质化的资源和组织能力以股权的形式加以定价，并成为交易完成后母公司对下属企业进行协调和控制的依据。因此，企业集团这一以母子公司为核心的网络组织，应该是一个更大的关系资源平台。只不过处于集团网络的不同层次，其扩散和融合的资源并不完全相同，但最终结果应是网络的每个成员都可以从网络资源的扩散中获得有价值的资源，并且通过资源的融合与再造形成新的有价值的资源。只有这样，才能实现网络系统整体利益的最大化，才有可能使集团保持长期竞争优势。这正如波特所指出的：公司的竞争优势源自整个业务活动间进行的战略性整合。这种整合会实际地降低成本，或增加差异化，因而不仅是形成公司竞争优势的关键，也是建立持续的竞争优势的根本之道。

2.财务资源是企业集团培育和开发战略资源的物质保障

企业资源中满足价值性、稀缺性、不可模仿和替代性标准的资源被称为战略资源，只有基于这些战略资源建立的竞争优势才是持久的竞争优势。因此，不断开发和培育新的战略资源成为企业维持可持续竞争优势的前提。因此，隐藏在企业资源背后的企业配置、开发和保护资源的能力，是企业竞争优势的深层来源。

企业资源包括财务资源和智力资源，两者进行区分的主要标准是资源是否可以进行货币化度量。从财务的角度看，可货币化度量的财务资源是财务报告中唯一可以披露的资源。这一特点导致人们将财务资源视为企业唯一的资本，或者说资本成了财务资源的代名词，因此，才有了"资本雇佣劳动"或是"劳动支配资本"的争论。但是自舒尔茨和贝克提出"人力资本"概念以来，资本的同质性假设已被打破，资本开始泛化为资源的代名词。资本不再仅仅局限于传统意义上的财务性资本，而且拓展到人力资源、关系资源、结构资源等智力资源。我们继承这一传统，在本书中将资源和资本等同起来。

在工业经济时代，财务资源是决定企业发展的关键资源，但进入知识经济时代以来，智力资源的重要性逐渐超过财务资源成为企业的关键资源。黄亚生通过研究发现，中国第一代企业家的受教育程度远高于不是企业家的同龄人，并把中国经济发展水平优于印度的原因归结为中国基础教育水平高于印度。考虑到智力资源的形成一般是以财务资源的投入为前提的，因此，目前人们日益重视两者的共同作用。蒋琰和茅宁指出，智力资本与财务资本的耦合作用是企业价值创造的源泉：企业绩效既来自财务资本的投入，又源于智力资

27

本的价值转化，两者相互耦合，作为一个整体的动态系统来创造企业价值。图 2-3 显示了这一耦合过程。

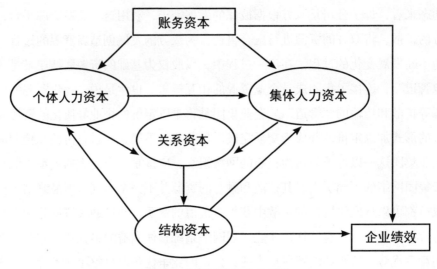

图 2-3 资源网络系统的结构

  蒋琰和茅宁所做的实证分析证明了这一资本网络系统结构的成立，即财务资本对人力资源有投资转化作用，智力资本三要素之间存在着循环转化作用，财务资本和智力资本对于企业绩效都有着重要影响。

  由于财务资源缺乏异质性，使得企业单纯依赖财务资源进行价值创造具有很大的风险；而由于智力资源的异质性特征，使得通过财务资源和知识性资源之间的网络系统所进行的价值创造有较好的规避风险的作用，这表现为智力资源在企业中的重要性日益增加。布莱尔的研究表明美国非金融类公开上市公司在 1998 年的公司价值中，与智力资源相关联的比例高达 70%。国内的研究也表明智力资源与企业绩效和竞争优势存在明显的相关性。智力资源是企业创造价值和维持竞争优势的源泉，但财务资源投入是智力资源实现升级和创新的基本条件，或者说财务资源和智力资源的耦合是企业获取长期竞争优势的基础。

  和单体企业相比，企业集团具有资源规模上的优势，这使其可以放大财务资源和智力资源的耦合效应。同时，由于财务资源具有同质性特征，因而更容易被集中和共享。企业集团的股权联结也使其更易保持战略的稳定，这使企业集团可以保持对智力资源持续的高额投入，也使企业集团具有更强的战略资源与开发能力。

  可见，在企业集团网络中，财务资源既可以通过与智力资源的耦合成为集团价值创造的物质保证，又可以通过在母子公司间建立资本联结为智力资源在集团网络中的流通搭建物质通道。同时，集团网络中财务资源关系的法律制度也是集团网络保持长期的稳定性和实现有效管理控制的法律依据。

2.2 产权理论

产权理论是公司治理理论的核心，同时也是财务治理和财务控制的理论基础和法律依据。

2.2.1 产权理论与财务治理

企业契约理论将企业视为一个拥有剩余索取权的"中心签约人"，在企业理论的研究基本上被定格为剩余索取权应如何安排，后来强调企业的"不完全合约"性质的格罗斯曼和哈特等人也只是增加了对剩余控制权的阐述。其后，"剩余控制（决策）权和剩余索取权的匹配"就成为产权理论的主流框架。根据这种理论，如果能使决策者承担其决策的经济后果，那么决策者通过追求自己的利益、最大化自己的收益，就会做出有效率的决策。因此，企业所有权应是剩余控制权和剩余索取权的统一，而剩余控制权和剩余索取权的正确结合，是所有权激励的关键。

产权理论并没有对财产所有权和控制权进行区分，实际上是把财产所有权定义成了实施控制权的权力，这明显和实践中的财产所有权和使用权分离的现状不符。张维迎区分了财产所有权和企业所有权，认为财产所有权与产权是等价概念，都是指投资者实际投入的那部分资产或生产要素的所有权；而企业所有权指的是对企业的剩余索取权和剩余控制权。从这个角度而言，一个企业的股东不仅拥有企业的剩余索取权，通常还拥有企业的控制权。由于企业契约理论的不完备性以及企业经营环境动态变化的影响，企业的剩余控制权通常无法分配给企业的股东而是属于企业的经营者。

财权是产权在企业财务中的反映，财务治理是由财产所有权和使用权的分离引起的。由于两权分离和企业各利益相关者在利益上的固有冲突，使得企业财权在不同利益相关者之间的配置方式和配置状态成为一种重要的财务制衡机制，这一制衡机制对公司治理效率有着决定性的影响。因此，财务治理就是通过财权配置在企业各利益相关者之间的不断调整来协调他们之间的利益冲突，以提高公司治理效率的一系列动态制度安排。

由于财产所有权和企业所有权的天然联系，财务治理也成为公司治理的核心问题。公司治理的主要功能就在于实现公司权、责、利的有效配置，在这三个要素中，权利的配置是前提，公司治理结构建立的基础是公司权利的配置。而在公司各种权利中，财权是一种最基本、最主要的权利，因为公司的各种经营活动最终都要通过资本和资产的相互交换或转移加以完成并在财权上有所体现，因此，应当建立以财权配置为中心的公司治理结构。由于公司治理结构以财权配置为中心，而财务治理是从财务角度来研究公司治理问题的，财务治理作为公司治理最主要的组成部分，它研究的主要内容是财权配置。所以，财权配置是财务治理的核心，而财务治理则是公司治理的核心。

财务治理从两个方面影响公司治理：形成特定的财务结构（或资本结构）和形成一种财务激励与约束机制。在既定的制度框架下，资本结构是企业财务治理结构的基础和依据，企业财务治理结构是资本结构的体现和反映；资本结构的选择在很大程度上决定着企业财务治理效率的高低。

2.2.2 财务治理与财务控制

财务控制解决的是将派生于财产所有权的法律控制权转化为现实的、强有力的控制权这一重要问题，以实现比市场和竞争对手更有效的资本配置决策。从这一意义来说，财务控制是指在企业的官僚等级结构中上级依照相关法规、制度和契约从财务角度对下级实施的控制，主要包括审批下级提出的预算方案，监督下级预算的执行情况，以及对下级的业绩做出评价并进行奖惩。财务控制应用的基础是配置企业财务资源的财务契约，包括股权契约、信贷契约、报酬契约等。或者说，财产所有权为财务控制提供了权力和法律保障。

在现实中，企业中支配资源的权力有两个基本来源：财产所有权和关键资源占有权。尽管根据现实经济和法律制度的规定，控制权原始和直接的来源是财产所有权，但从决策效率的角度看，关键资源（知识和信息等）是有效行使控制权的基础。这界定了企业中控制权的最终拥有者和日常行使者，实务中体现为以所有权为基础的公司治理和以经营权为基础的公司管理的分离。一般来说，公司治理层次上财务方面的事务和运行机制设计可以划入财务治理范畴，而公司管理层次上财务方面的事务和运行机制设计则属于财务控制范畴。

财务所有权和控制权的分离在资本市场中体现为财务治理中的委托代理问题，在企业内部则体现为授权问题。因此，财务控制存在层次性的问题，李维安等人归纳了不同层次财务控制的区别，见表2-2。

表2-2 不同层次的财务控制

财务内容层次	财务控制主体	财务控制客体	财务控制目标
出资者财务	股东	董事会和经理	要求企业经营者提供真实、完整、及时的会计信息；监督其经营管理行为；做出正确的投资决策，实现资源的保值增值。
经营者财务	董事会	经理	保证计划、投资方案、财务预决算方案、利润分配方案等的科学、合理、有效地实施；完成出资者的委托责任，实现价值最大化。
经理财务	经理	部门经理和员工	建立经营风险控制系统；保护财产安全完整；保证有关法律法规和企业内部规章制度的贯彻执行；实现董事会的财务战略和财务决策。

我们认为这种区分很有道理但过于详细，按照人们的一般理解，前两个层次是常见的划分方法，而经理财务显然可以和经营者财务合二为一。所以，我们一般从出资者和经营者两个角度来理解财务控制。

对于企业集团来说，财务控制问题由于其委托代理链条的拉长而显得更为复杂。由于企业集团的管理边界超越了企业的法律边界，从而使其财务控制涵盖了单体企业一般意义上的财务治理与财务控制。或者说，企业集团的财务控制包含了财务治理的内容。并且，对于企业集团来说，其对子公司财务治理层次的财务控制的重要性远远超过对子公司日常经营层面的财务控制。

2.3　竞争优势理论

2.3.1　企业资源与竞争优势

1. 竞争优势来源的三种观点

竞争优势的来源一直是企业战略管理研究的重要问题。按照波特的观点，竞争优势是指一个企业能够以更低的成本提供同样的价值或以同样的成本提供更高的价值。波特通过对产业吸引力和企业定位的分析，提出产业的发展前景和产业内部五种竞争力态势决定了一个产业的吸引力，并在很大程度上影响着企业的盈利能力，因此，企业通过对产业的有效选择和在产业中的恰当定位就能获得竞争优势。资源基础论则认为企业是一系列难以模仿的资源的集合体，资源的差异导致战略的差异，并进而决定企业的竞争能力，如果企业能够以"异质性"资源为基础实施竞争对手难以复制或模仿成本很高的价值创造战略，企业就具有了竞争优势。核心能力理论认为企业是各种能力的集合体，具有价值性、稀缺性、难以模仿性和不可替代性的企业能力是企业的核心竞争力，它是企业长期积累的关于如何部署其资源与能力的学识，是企业竞争优势的来源。

当把资源看作"企业控制的所有资产、能力、组织过程、企业特质、信息、知识等，它是企业为了提升自身的效率和效益而用来创造并实施战略的基础"时，资源基础论、能力基础论和知识基础论实际上并不构成根本性的矛盾。巴尼将企业资源划分为物质资源（自然技术、工厂和设备、地理位置、原材料等）、人力资源（培训、经验、判断力、智力、关系等）和组织资源（制度、结构及团体间的非正式联系等）。一般认为，核心竞争力是企业持久竞争优势的来源，核心竞争力来源于企业能力，企业能力是以企业资源为基础的，而"知识为本的观点是资源为本思想的本质"。因此，企业资源是持久竞争优势的根本来源。表 2-3 总结了关于竞争优势来源常见的三种观点。

表 2-3 三种竞争优势学说的比较

竞争优势学说	代表人物	竞争优势的性质	竞争优势的来源
位置说	波特	竞争优势意味着企业在特定产业中具有超过平均水平的业绩表现，具体到财务方面，就是企业获得超额投资收益	竞争优势来源于竞争战略，确定最佳竞争战略的依据是对企业所面临的竞争环境的正确评价
资源/能力学说	沃纳菲尔特、巴尼	当一个企业实施了一项没有同时被现存或潜在的竞争对手实施的价值创造战略时，它就具有了竞争优势	竞争优势来源于企业所拥有的异质性资源、能力；能够造就持续竞争优势的企业资源、能力具有四种特性：价值性、不可模仿性、稀缺性和不可替代性
层次说	金碚	竞争优势是指在竞争性市场中，一个企业所具有的能够持续地比其他企业更有效地向市场提供产品或服务，并获得盈利和自身发展的综合素质；企业竞争优势具有竞争性、效率性、福利性、持续性和综合性	可以把竞争优势的要素分为四个层次：关系、资源、能力和知识。知识居于形成竞争优势因素的最里层，能力、资源处于较外层，关系处于最外层

2. 竞争优势来源三种观点的比较

波特认为企业的盈利能力取决于行业的利润水平（市场结构）及企业在行业中的相对地位（定位效应）。企业的竞争优势来源于企业能够以低于竞争对手的成本开展一些必需的"活动"，或者企业能够以独特的方式开展一些能为顾客创造价值的"活动"（这种观点也被哈默尔继承和发扬）。

可见，波特的定位学派认为企业的竞争优势来源于企业通过对外部环境（市场环境）的分析和以此为基础的正确定位（选择正确的战略），但鲁梅尔特在 1991 年的实证研究发现，同一行业中的企业之间利润差异远远大于不同行业中的企业之间的利润差异。这一发现推翻了传统产业组织理论中市场结构决定盈利能力的论断，也使人们认识到定位学派过于重视企业外部因素，尤其过于重视行业效应和竞争状况，而忽视了企业自身的能力，由此促使重视企业自身能力研究的资源/能力学说的产生。

资源/能力学说认为企业独特的资源和能力是企业竞争优势的基础。企业应最大限度地培育和发展企业独特的战略资源，并培养优化配置这种战略资源的独特能力（核心竞争力）。核心竞争力的形成需要企业不断地学习、超越和创新，需要企业不断积累适合企业需要的战略资源。只有核心竞争力达到一定水平之后，企业才能通过一系列的组合和整合形成自己独特的、不易被模仿、替代和转移的战略资源，才能获得和保持持久的竞争优势。而且，资源/能力学说并不否认产业分析的重要性，认为企业能力只有在产业竞争环境中才能体现出重要性。

"层次说"认为，企业竞争力是指在竞争性市场中，一个企业所具有的能够持续地比其他企业更有效地向市场（消费者，包括生产性消费者）提供产品服务，并获得盈利和自身发展的综合素质。基于此，"层次说"认为企业竞争力包括五个方面的基本含义：竞争性（在竞争性市场中），效率性（通过较高的生产率），福利性（能同时增加消费者价值和企业价值），持续性（并非偶然），综合性（非单一原因）。在企业竞争力的来源问题上，"层次说"认为可以把企业竞争力的要素分为四类，或者四个层次，即关系、资源、能力和知识。我们可以近似地将这里的"关系"理解为企业所处的外部环境，而将"资源、能力、知识"理解为企业自身素质。"层次说"认为，四类要素在内涵上不截然排斥，在外延上也会有所交叉，但存在较清楚的逻辑关系，形象地说，"知识居于竞争力因素的最里层，能力、资源处于较外层，关系处于最外层"。

可以看出，三种竞争优势学说更像是竞争优势学说发展的顺序过程：位置说强调企业通过对产业的有效选择和在产业中的恰当定位来获得竞争优势；资源／能力学说认为企业独特的资源和能力是企业竞争优势的基础，但并不否认产业分析的重要性，只是偏重于通过企业内部来寻找竞争优势的来源；层次说显然是以上两种学说的综合，只是区分了企业内外部不同的因素在形成竞争优势过程中的重要性。这样说并不是认为层次说只是两种学说的一个简单综合而没有什么意义，相反，我们认为层次说让我们对影响企业竞争优势和战略制定的因素有了一个较为清晰的认识，而且这显然更符合人们的思维逻辑。

图2-4反映了三种竞争优势学说的关系，同时提醒我们注意资源和竞争优势之间的动态性。从静态来看，企业竞争优势来自其战略资源；从动态来看，企业不但要有效利用现有战略资源，还要不断获取、开发新的有价值的资源，这样才能使企业长期维持竞争优势。

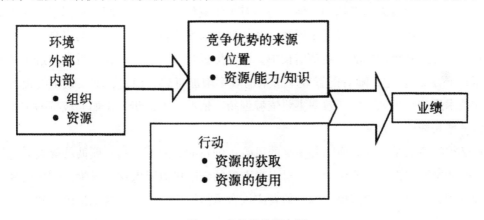

图2-4 竞争优势的来源

2.3.2 配置效率、生产效率与竞争优势

基于资源的企业观认为，企业之所以存在是因为在不完全市场条件下的要素（资源）所有者可以通过加入企业组织获取比市场上其他要素所有者更高的收益（经济租金）。企业的经济租金是指企业创造的总收益在支付了所有成员的参与与约束条件后的剩余，是企业总收益减去各要素所有者参与企业的机会成本后的余额，它相当于经济学中的超额利润

或净利润。企业的经济租金可以分为三类：基于市场垄断的张伯伦租金、基于稀缺资源的李嘉图租金和基于创新的熊彼特租金。其中，前者产生于垄断性的市场结构，定位理论是其代表；后两者则来源于企业自身的资源或能力，企业资源论是其代表。

从长期来看，企业获取的租金有动态演化的特点。首先是具有企业家精神的创业者或革新者，通过汇集各种资源形成某种独特能力而获得熊彼特租金。其次，企业由于获得了一定的先发优势，能够在以后的成长过程中形成优越的资源搜寻能力，从而有利于企业获得某些稀缺资源以创造出李嘉图租金。或者是企业在实践中逐渐创造出特有的资源，进而成为产业和市场的标准，形成或提高产品市场的进入壁垒，使企业获得市场垄断租金。在这一过程中，跟进者会通过不断创新来破坏企业现有资源优势并不断侵蚀企业竞争优势。为保持和获得租金，企业就必须不断进行破坏式创新，根据市场环境运用企业家能力重新开发和组合资源，这样经济租金的来源又回到熊彼特租金。可见，企业可持续经济租金的创造是一个从熊彼特租金到李嘉图租金再到市场垄断租金的循环往复过程。在这一过程中，企业不断将自身的资源和能力进行升级，从而与产业和市场保持动态适应，以便企业得以保持其长期竞争优势。实践已证明，没有任何竞争优势是可以永远存在的。

和经济租金的分类相对应，张维迎区分了配置效率和生产效率，认为前者是指如何使资源由边际生产率低的产业、企业、地区流向边际生产率高的产业、企业和地区，从而促进社会的经济增长；后者则是指同样的资源在同样配置下怎么能够带来更高的产出。在张维迎看来，中国经济过去20多年的高增长主要来自资源配置效率的提高，但随着时间的延续，配置效率的潜力越来越小。他认为再有十年或稍长一点的时间，我国基于配置效率提高而驱动经济增长的潜力就近于耗竭，经济的增长就要依赖生产效率的提高。刘伟认为我国在20世纪90年代之前的经济增长中，资源配置效率对经济增长的贡献超过了技术进步因素；但在21世纪，随着配置效率带来的效率增加将趋于稳定，增长效率的提升越来越依靠技术进步。可见，生产效率主要依赖创新、依赖技术进步，正如熊彼特的主张：创新是经济增长的原动力。

但必须注意的是，创新面临着很高的风险：创新的失败率很高。熊彼特等人因此特别强调"企业家"的作用，即认为他们对未来准确的判断可以降低这一风险。创新的高失败率也导致创新需要一定的前提，如创新者应该有承担风险的能力，这也是国家和大企业在创新体系中扮演重要角色的原因。从这个意义上来说，成功的创新获得高额回报是理所应当的，这也是很多经济学家呼吁允许符合条件的创新者可以在初期通过较高的价格获取较高报酬，而不应受反暴利法约束的理由。

对于一个企业而言，也存在以最优方式配置资源的"配置效率"和创新以创造独有资源的"生产效率"。这两者又是相关的：企业资源的价值表现为需求性、稀缺性和可获得性三个方面交互作用的结果，即一项资源为顾客所需、难以被竞争对手模仿并且其创造的利润能为企业所有。显然，创新所导致的企业资源的独有和稀缺是企业资源具有价值的基础，而合理配置企业的资源才能带来超额收益。对于"理性参与者利用完美信息，通过在市场上做出充分利用竞争的选择，产生最优的配置效率"，某学者在评价时指出，尽管这一观点在理论上行得通，但由于"完美信息"在现实中基本不可能实现，所以"除非所有的交易成本都被内部化了，否则配置效率是不可能发生的"。或者说，配置效率的实现是有限制的，其效用也是有限的。正如蒂斯所指出的：在充分竞争的市场上，竞争优势只能来自不可交易的资源所有权极其成功的利用。需要注意的是，影响企业资源价值的因素是不断变化的，企业因此需要通过"创造性毁灭"不断去创造新的竞争优势。

需要强调的是，竞争优势的建立应该基于企业对未来内外部环境变化的预期，依赖企业能否有效地经营和迎合不断变化的市场需求。从这个意义而言，竞争优势的获取依赖企业针对未来的投资——企业战略。企业需要以战略为导向，坚持长期的投入，以便及早准备，在未来竞争中处于优势地位。近年来，对契约理论的一个批评也在于其可能导致的一个后果：对量化的效率标准（如利润等）的重视"会鼓励一种关于什么是公司最好行动计划的短视观点"。因此，从资源论和战略角度研究财务控制还是必要的。

2.3.3 企业集团的竞争优势

随着经济全球化的加快，企业面临着更激烈的市场竞争，也使企业的发展具有更大的不确定性，人们开始关注企业间资源配置方式的多样性制度安排。企业间网络、联盟网络、虚拟组织等网络组织的不断发展，在很大程度上扩展了企业的生存空间与发展环境，模糊了科层组织与市场组织的交叉边界，使企业获取要素资源的途径和取得竞争优势的方式也相应发生了变化。企业间关系与企业群整体优势成为理论研究和实践中的热点。

作为网络组织的一种，企业集团的整体优势也日益被人们重视，如规模经济、范围经济和协同优势等。从资源论的角度来说，这些优势的获得是以企业资源的利用和积累为基础的：支撑其最初业务的资源是企业成长的基础；随着企业的成长，企业的资源和能力逐渐有了一定的剩余，这些剩余能力成为企业扩张的基础；同时，在企业的正常经营或扩张过程中，也常常产生新的资源，充分利用这些新资源的企图往往又导致了企业新的扩张。扩张一般是沿着地理、产品市场和垂直整合三个维度逐步展开的。需要注意的是，企业拥有的许多富有价值的资源都是异质或者深深嵌入企业内部，这使得企业很难出售或出租自己的剩余能力。即使一些资源可以分割，也可能由于较高的交易成本和资源的独特性，使得这些资源在当前的环境中比在其他条件下具有更多的价值。对于这些不可移动资源，企业只能把它们保留在企业内部，并尽可能地把这些资源应用到新的业务领域，以追求范围和协同优势。当然，很多时候企业也可能为了抓住某个良好的发展机会，选择从外部获得自身缺乏的某种资源，或者在企业内部有目的地培育、开发所需的资源。

在科利斯和蒙哥马利看来，公司战略就是公司通过协调和配置（构造）其在多个市场上的活动来创造价值的方式，公司优势来自有效的公司战略，如图 2-5 所示。

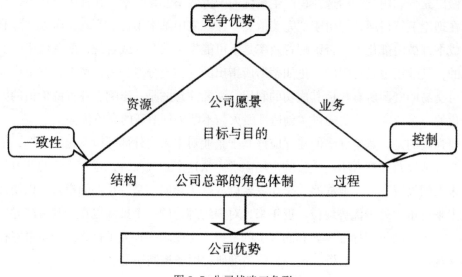

图 2-5 公司战略三角形

其中，业务是指公司经营的产业及其在每个产业中所采取的竞争战略；结构、体制和过程是指公司如何控制和协调其各个业务单位和参谋职能的活动。有效的公司战略是这几种要素的协调组合。这些要素犹如一个系统一样一起运作，通过多市场活动创造价值，进而创造公司优势。公司优势会导致其在产品或成本上的优势，进而使公司获得业务上的竞争优势，这是有效战略的"一个不朽的逻辑"，如图 2-6 所示。

图 2-6 从公司优势到竞争优势的转化

格兰特认为战略是将公司的资源和能力与外部环境中出现的机会匹配。和蒙哥马利相比，格兰特区分了资源和能力，强调了组织能力对于公司战略选择和形成竞争优势的重要性。蒙哥马利和格兰特都认为企业集团优势的直接来源是集团战略。也就是说，企业集团的优势就是基于资源优势基础的集团战略优势，这也是企业集团和其他松散企业网络的重要区别。

尽管集团总部本身也能通过较低的资源成本等途径创造出一些价值，但大部分的集团优势都是在业务单位层面上实现的，即单个业务单位可以利用集团从属关系的好处在某一具体产业取得比竞争对手更好的绩效。波特指出，多元化公司并不互相竞争，竞争发生在各业务单位之间。因此，集团战略要成功，前提是它能提供业务单位有形的利益，增加它们的价值，并抵消其因为丧失独立性所衍生出来的成本。因此，企业集团的宗旨就是要发挥集团的资源整合优势与管理协同优势，实现整体资源配置的秩序化和高效率，以确立并不断拓展市场的竞争优势。

专题三　企业集团财务控制及其模型设计

3.1　企业集团财务控制的影响因素分析

3.1.1　企业集团财务控制的目标

在我国，企业财务目标经历了产值最大化、利润最大化、价值最大化三个阶段。价值最大化目标是基于价值创造和现金流管理提出的。这一目标能得到人们的广泛认可，一是因为只有价值创造才能反映投资者的本质要求；二是因为现金流是联结各项生产经营活动、各项资产、资产与权益的纽带，是企业生存的命脉、发展的血液。企业财务目标也是其财务控制的目标。因此，价值最大化也是财务控制的目标。

作为一个多法人的联合体，企业集团财务控制并没有改变企业财务控制的本质和价值最大化的目标，因为从长远来看，企业集团的价值最大化与集团成员的价值最大化是一致的。

如同古典经济学认为市场竞争将解决问题一样，新制度经济学认为好的制度结构可以解决一切问题，所以这些相关理论都有意无意地忽略不确定性问题，也使得这些理论饱受批评（对契约理论的批评之一就是其过于短视化）。资源论对于风险问题的解决方法是强调"企业家"的能力，或者说在资源论中企业家是神一样的存在，可以对未来做出准确的判断，从而可以解决企业发展中面临的不确定性问题。按照常识，应对未来的不确定性问题的最好方法应该是事前的充分准备（预防）。从这个意义来说，战略作为一种面向未来的投资，应该是一种应对未来风险的有效工具，这或许也是战略问题备受重视且被实践证明有效的原因。所以，从企业管理的角度，面向未来的战略选择本身就是一种非常必要的控制手段，必须决定在未来做什么和不做什么，然后有目的地做些准备（投资），这样以后更有可能获得成功。

对单一企业而言，为了实现价值最大化的目标，企业财务控制一方面需要结合企业发展战略来配置资源，通过预算控制来监控战略的实施情况，以便企业能培育和提高自身的核心竞争力；另一方面，企业财务控制要在保证较低的财务成本和合理的风险水平的情况下，为企业的投资提供足够的资金保障。

和单一企业相比，企业集团财务控制有两个特殊性：一是存在集团整体战略和业务单位战略的区分；二是存在一个内部资本市场。前者意味着企业集团财务控制的战略导向是基于集团整体战略而不是某一业务单位战略；后者意味着企业集团可以通过充分利用财务资源的共享性发挥集团整体的资源协同优势，从而为集团投资提供足够的资金保障。集团战略界定了集团参与的行业与市场范围，业务战略则主要是某一行业或市场企业应如何击败竞争对手，所以集团资源配置的战略导向一般是通过调整其对不同业务单位的持股比例和集权程度来体现。企业集团在内部资本市场的财务资源共享则主要是基于不同业务单位的现金流在时间和空间的不均衡（同步），集团可以通过合理调剂实现降低成本和节约风险的目的。

企业集团既可以看作是企业组织的高级形式，也可以看作是企业外部组织的一种形式（在这里企业集团是企业外部组织的一种较紧密的形式，其他形式有连锁经营、品牌授让、战略联盟、价格联盟等）。企业集团这种组织定位的模糊造成了对内源性资金和外源性资金界定的模糊。也就是说，以产权为联结纽带的企业集团在其内部所形成的资本市场，既增加了集团的投资能力和承担风险的能力，又增加了财务控制的范围和难度。对企业集团财务控制而言，基于内部资本市场的资本控制的重要性要远远高于基于成员企业管理活动的财务控制。

3.1.2 企业集团财务控制的特点

企业集团是由多个法人企业（可包含非法人企业）共同组成的企业联合体。在企业集团内部，既存在母子公司之间按照类似于层级制原则来组织企业生产经营活动的控制与协调关系，又存在相互之间按类似于市场价格机制进行协调的市场交易关系。并且，企业集团成员企业之间的企业属性弱于作为单个企业的企业属性，企业集团成员企业之间的市场属性也弱于纯粹的市场上毫无关联的企业之间的市场属性，企业集团是介于市场和单个企业之间的一种中间性组织。显然，企业集团兼具"市场属性"和"企业属性"的双重属性使得企业集团的财务控制要远比单个企业的复杂，企业集团成员企业之间边界的模糊性更增加了这种困难。企业集团的财务控制与单体企业的财务控制相比有以下特点。

1. 企业集团财务控制的主体和客体复杂化

单体企业的财务控制与企业集团的财务控制相比，变成了"微观"层次上的财务控制。企业集团财务控制的实施，不仅包括企业集团中成员企业内部的财务控制，更为重要的是企业集团的核心企业或总部（根据集团组织形式的不同）针对不同类型的成员进行不同性质的财务控制。在企业集团里，不仅母公司具有独立法人地位及相应的独立的经营理财权，子公司等成员企业同样有着独立的法人地位及相应的独立的经营理财自主权，无论是母公司或子公司，在法律意义上体现着平等的社会人格。这就决定了企业集团的财务管理主体不可能只有一个，而是由包括母公司在内的若干不同层级的成员企业构成的一个以母公司为核心的多极复合的结构体系。例如，在不同集团的组建模式和组织形式下，财务控制的主体可以是集团公司、控股公司、集团总部、事业部、超事业部、子公司等，无疑是大大复杂化了。

此外，由于构成企业集团的成员企业可能在所有制、产权形式、行业、规模甚至国别上都不一样，企业集团的资金运动也涉及多个理财主体的不同层面；相应的，集团的财务活动也更加复杂，这种较大的差距使得财务控制的对象表现出更强的复杂性。例如，企业集团一般能够利用多种多样的融资、投资以及营运资金管理的形式或手段，能够进入更加广泛的财务活动领域，涉及更多的利益相关者及其层级结构，这既丰富了企业集团财务控制的手段和方法，也使集团财务控制客体变得更加复杂。

2. 企业集团财务控制和财务治理机制的融合

和公司的各种事务和运行机制可以分为公司治理和公司控制两个层次一样，公司财务方面的事务和运行机制也可以分为财务治理和财务控制。财务治理是一种对企业利益相关者财权的动态安排制度，通过这种财权安排机制来实现有效的财务激励与约束，同时是对建立利益相关者共同治理愿景的谋划。财务控制可理解为在企业的权威等级结构中上级依照相关法规、制度和契约从财务角度对下级实施的控制，主要包括审批下级提出的预算方案，监督下级预算执行的情况，以及对下级进行绩效评价和激励。这种划分在企业集团中却面临一个问题：对子公司而言属于财务治理范畴的财务事务和运行机制，在母公司层次却属于财务控制的范畴。如果说财务治理的依据是资源契约而财务控制的依据是管理契约的话，那么母公司层次的财务控制则融合了这两者。

3. 企业集团财务控制目标的战略统合性

尽管在追求价值最大化这一概念层面，企业集团与单一企业并无本质差异，但企业集团财务目标的特殊性在于其财务主体的多级复合结构。作为独立的利益主体，各个财务主体在理财过程中不可避免地会滋生谋求自身局部利益最大化的倾向，并进而引起成员企业财务控制目标偏离企业集团整体财务控制目标，甚至会导致成员企业的过分独立或缺乏协作精神。因此，集团母公司在财务控制目标的定位上，必须从集团整体利益最大化出发，依据集团战略，对母公司与子公司、母公司与其他企业、子公司以及其他成员相互间的利益冲突与财务控制目标进行统一规划和协调，进而在集团整体与成员企业个体财务控制目标间形成一种依存和互动的机制，即集团整体财务控制目标与成员企业个体财务控制目标在集团战略上的整合性。这就要求企业集团有非常明确的长期目标，并围绕这一目标有效地配置资源，以实现所谓"1+1>2"的协同效应。所以，集团战略应是财务控制的基础。

3.1.3 企业集团财务控制的影响因素

1. 企业集团战略

战略是一个被广泛应用的概念，但定义似乎并不十分清晰，基本可以归为两大类别：一是强调现有资源的使用，如波特的定位战略；二是认为战略是关注企业的长期发展，即企业如何有目的地培育、开发核心资源。两者显然可以统一，现在的经营是基于企业现有的核心资源，企业未来的发展则更依赖新的核心资源的培育、开发。因此，笔者更认同将战略视为企业为未来更好地参与竞争所做的选择，或者说战略是企业为应对未来面临的不确定性所采取的重要手段。

作为管理控制系统的重要组成部分，企业财务控制自然也需要组织结构的支撑，而组织结构的设计要遵循这样一个原则：战略决定组织结构，组织结构传承战略。这样延伸下去，企业战略决定了财务控制机制的选择，财务控制机制的不同选择又会影响企业战略的执行效果。因为：①不同的战略要求不同的业务活动，从而影响管理职能和部门的设置，也影响着财务控制机制的建立；②战略重点的改变会引起组织工作重点的改变，从而导致各部门与职能在企业中重要程度的改变，并最终导致各管理职能以及部门之间关系的相应调整，财务控制也要进行相应的调整；③财务控制机制的有效性决定着企业战略执行力的高低。财务控制的目标是通过资源在内部优化配置和有效利用以创造更多价值，因此，财务控制在很大程度上决定了发展战略的实施和管理目标的实现。

这里的集团战略是指企业集团整体战略，即集团如何选择自身的行业和市场组合。从这个意义上说，企业集团战略是它在现有的竞争资源和可获得的新机会之间权衡的结果。基于资源的企业集团观也强调企业集团的战略选择要受其所拥有的资源存量及其获取或积累新资源的速度的限制。人们普遍认同这一观点，因为如果不存在企业资源的异质性，任何成功的战略很快就会被跟随者模仿，则任何企业也不可能保持长期竞争优势以获取长期超额收益。但是在重视企业现有资源存量的同时，也不能忽略企业获取或积累新资源的重要性，还包括其获取或积累新资源的速度。在知识经济的背景下，企业获取或积累新资源的速度也显得越加重要。作为一个关系资源平台，企业集团这一以母子公司为核心的网络组织显然能够加快集团成员之间的资源交流和扩散。因此，企业集团对下属企业资源的战略整合能力也成为集团获取长期竞争优势的关键。

集团战略（公司战略）关注的是业务的取舍、拓展和组合，即集团应如何对现有业务进行分类，应该发展什么业务，舍弃什么业务，或者开拓什么新业务，目的是形成一种合理的业务组合。如麦肯锡提出的"三层面业务"，如图 3-1 所示。

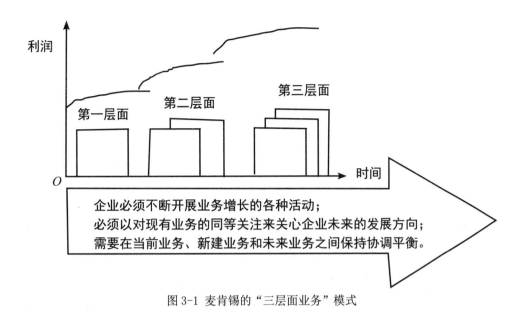

图 3-1 麦肯锡的"三层面业务"模式

其中，第一层面是指集团目前拓展并确保其运作的核心事业；第二层面是指集团发展中的新业务；第三层面是指集团开创未来的事业机会（种子业务）。

麦肯锡的三层面业务模型在实务中已得到了较为广泛的应用，如通用电气（GE）、长虹都宣布了其三层面业务组合构想。可以确定的是，不同的业务需要的管理体制并不相同，解决这一问题的简单方法就是"把那些要求不同的控制模式的业务分离开来"，这显然需要集团采用较为分权的组织结构。和其他松散和分权化的网络组织（它们严重依赖相互的理解与非正式的关系，这有可能导致误解和机会主义）相比，企业集团网络的特点在于其战略性，这要求企业集团总部能够控制下属独立的业务，这也是其创造价值的前提。

在资源基础论看来，集团优势来源于其基本资源的专用性。一般而言，对于那些旨在联系紧密的业务中充分利用其专有资源的企业集团，其组织设计应该更有利于培育各个业务单位之间实现协调效应和相互联系；而那些旨在广泛的业务领域中充分利用其一般资源的集团的组织设计应相对简单，并主要关注维持总部对各个独立的业务单位的财务控制。这也和前面所提到的企业集团不同整合战略的要求相吻合。

2. 企业集团的组织结构

资源论将企业集团视为企业通过规模和多元化来充分利用资源以获得效率的结果，企业集团的发展导致了管理的复杂性。钱德勒通过对美国大企业发展的研究将其总结为"除非结构跟随战略，否则无效率将随之而生"，并认为大型的多元化公司需要实行多分部的结构。在威廉姆森看来，这种将官僚理性和内部市场巧妙结合为一体的多分部结构是20世纪末规模和范围空前庞大的公司的唯一管理方法。但正像惠廷顿和梅耶所指出的：结构是一个难以应付的问题。因为结构"不只是组织结构图上的线条，它还意味着控制和责任系统"。所以，多分部结构本身也在发生变化。对于企业集团而言，结构可能更加复杂，企业集团常见的组织结构一般有职能制、事业部制和子公司制三种，其各自优缺点及适用范围见表3-1。

表 3-1 企业集团常见的三种组织结构类型

名称 \ 内容	特点	适用性
职能制	1. 集团按不同的职能实行专业分工； 2. 采用直线—参谋制； 3. 管理权高度集中； 4. 企业集团统负盈亏	适用于中小型的、产品品种比较单一、外部环境比较稳定的企业集团
事业部制	1. 事业部是一个利润中心； 2. 集团不是按职能而是按企业所经营的事业，包括按产品、地区和顾客划分部门； 3. 实行分权化管理	适用于大型工业企业，即钱德勒所推崇的 M 型企业，是为解决企业由于规模扩大和多元化经营所导致的管理复杂化而产生的组织结构
子公司制	1. 子公司是投资中心； 2. 子公司具有独立法人地位； 3. 母公司依靠资源组带，通过在股东会和董事会中的决策来贯彻母公司的战略意图	适用于实行跨行业多种经营的大型企业集团，可使从事不同行业经营活动的业务单元具有足够的独立性，以便其根据行业特点开展经营活动

职能制组织结构有利于促进职能领域内的有效协调、促使专业技能的提高和使员工看到清晰的提升路线，但也容易使集团高官陷入具体事务中，以及存在对价值链的人为分割。钱德勒曾对其做过精辟的总结："集权的、按职能划分的部门的内在弱点……只有当高层经理任务增加到这样的程度，以至于他们再也不能有效地承担责任的时候，才受到批评。随着企业的经营变得越来越繁杂——这种情况必然会出现。一旦这种情况出现，少数的高层经理就无力同时处理长期的战略性问题和短期的经营性问题。"在钱德勒看来，"战略集权化和运营分权化"的事业部制的出现是企业规模扩大和多元化经营的必然结果，因为多分部公司的一个主要优势是经营决策的权力分配给组织的下级人员，从而使其与相应的具体知识相吻合。随着规模和多元化的进一步扩大，多分部企业由于战略层次过多且过分沉湎于控制导致行动迟缓和各自为政。战略与运营的分离曾造就了客观性，现在却造成了分割和隔绝。子公司制组织结构适用于业务种类繁多的企业集团，总部对下属机构的控制能力较弱，也较为适合组织结构扁平化。此外，在实务中还存在混合型组织结构，这种组织结构是前面三种组织结构类型的混合，因而能够满足集团战略对不同业务定位不同的需要。显然，集团组织结构的不同选择会影响财务控制上的集分权程度和控制模式的选择，也影响集团财务控制的最终效果。

3. 企业集团文化

（1）企业文化的含义

企业文化是企业在生产经营实践中形成的一种精神和凝聚力，以及企业职工共同的价值观念和行为准则。企业员工共有的价值观念和价值取向是企业文化的核心，影响着企业目标与战略的制定，影响着企业的管理风格，也影响着员工的日常行为。根据哈佛商学院的研究，决定企业竞争能力的因素有五项：技术创新因素、组织因素、人力资源因素、企业文化因素和资源因素，其中企业文化具有引导功能、凝聚功能、激励功能和约束功能，直接影响企业经营战略的实现。华为总裁任正非因此认为，文化就是管理的高级形式，是理念和思想层次上的管理。张瑞敏则强调优秀的企业文化对企业发展战略的推动作用，认为"没有优秀的企业文化，企业发展战略不可能落实"。

勒巴斯指出，每个企业或组织都在"市场""规则"和"文化"间寻求平衡。其中，市场的侧重点在于"输出控制"，通过市场价格这只"看不见的手"来检验组织决策的正确与否；规则的侧重点在于"输出控制"和"输入控制"的共同作用，但前提是投入和产出存在比较清晰的因果关系；而文化则将目标、规则、程序和角色内在化，因此，更加适应因果关系不清晰、不确定性较大且沟通困难时的控制。鉴于目前企业面临环境的不确定性日益增加以及因此导致管理控制的复杂性的增多，文化控制应是管理控制的基础的观点逐渐成为人们的共识，对于企业集团而言更是如此。

作为拥有经济和社会双重属性的组织，企业必然面临着复杂的制约关系，这也是企业进行管理控制的依据。然而，人们日益发现以层级制为基础的管理控制随着企业规模的扩大而逐渐陷入体制僵化和官僚主义的困境，从而使企业丧失了灵活性和适应能力。这促使人们日益重视企业文化的协调作用，企业文化也一直被视为企业整合内部力量和过程、适应变化着的外部环境的关键手段。它通过指导企业成员的行为与价值观念来对企业的行为产生影响，而人是组织中最具反应性、适应性和想象力的基本元素，企业任何行为的效率都要受到其成员行为的制约。当企业面临的环境发生变化时，企业文化能调节企业成员的行为以适应外部环境的变化，促使员工对企业决策做出迅速反应。可以看出，有效的企业文化能够把关注企业内部与外部、适应性与一致性、稳定性与灵活性等相互冲突的因素整合在一起，发挥其作为一个有效控制系统的作用。对于多级法人联合体的企业集团而言尤其如此。

（2）企业集团文化对财务控制的影响

企业被视为一组契约的联结，其中的财务契约是企业财务控制的基础。但企业的不完全性导致企业有许多行为没规定清楚也无法规定清楚，在这种情况下对他人行为的稳定预期必须在一种"默契"的基础上才能建立起来，否则企业的运行成本将很高甚至企业根本无法运作。这种默契和稳定预期就可以认为是企业文化。因此，企业文化也是一种弥补正式合约缺陷的一种机制。正是在这个意义上，张维迎认为"产权也是文化，它不仅仅是政府的法律条文，不仅仅是一种司法行为，更是每个人心目中的应有的行为规范"。在秦海看来，企业文化是对企业内部产权体系的有效强化："因为文化信仰的统一性和共同的理解，当每一个博弈者对这些文化信仰做出了最佳响应的时候，得到共同承认的文化信仰集合就是对博弈者的约束，而且是自我强制性的。"从这个意义上来说，以产权作为依据的财务控制的有效实施显然受到企业文化的影响。

由于企业集团成员企业拥有独立法人资格，因此，它们之间存在利益冲突与分享。但与完全市场竞争关系不同的是，企业集团内部共享相同的文化价值观念和信息等资源，能够弥补由于有限理性、信息不对称和机会主义所导致的市场缺陷，从而在固化的完全层级制和没有权威的市场机制的边缘创造新的组织秩序。

许多学者发现同样的制度或管理方法在不同企业的应用效果并不相同，造成这一现象的主要原因可以归结为企业文化的差异。对于财务控制而言，许多财务方法（如金融工具、绩效测评方法等）在不同企业应用的效果也存在很大差异（如金融衍生工具就被安然的财务人员用于财务欺诈），这说明财务控制目标的实现在很大程度上依赖企业文化的导向作用。因此，作为企业集团管理控制系统重要组成部分的财务控制，也应以企业集团文化为基础。

总之，企业集团财务控制是在一定的企业集团文化环境中运行的一种管理控制系统。如果把企业集团的财务控制系统看成是一个硬件控制系统的话，那么企业集团文化则是一个软件控制系统，两个控制系统相结合，才能更好地实现企业集团的控制目标。

3.2　企业集团财务控制模型设计

下面进一步分析企业战略资源的获取和开发、资源整合和配置以及资源的有效利用和竞争优势的关系，并从财务角度来分析财务控制在竞争优势培育各环节的作用，进而构建基于资源观的企业集团财务控制模型。

3.2.1　企业集团竞争优势模型

1. 企业竞争优势来源分析的不同角度

尽管人们对于企业竞争优势的最本质来源是企业的战略资源这一观点并无异议，但人们从不同角度对竞争优势的来源进行了分析。

根据竞争优势形成的不同环节（价值链），可以将竞争优势的来源分为生产效率、配置效率和营运效率。其中，生产效率对应企业战略资源的培育和开发环节，即企业能否及时有效地开发和培育新的战略资源，为企业保持可持续竞争优势打下良好的基础。配置效率对应企业对现有资源的整合和配置环节，即企业能否把现有资源和行业机会很好地结合起来，通过资源和业务的匹配使企业获得竞争优势。营运效率对应资源利用环节，企业通过提高投入产出效率在产品市场上实现竞争优势，即为企业创造更多的价值。

根据竞争优势发挥作用的不同市场，可以将竞争优势分为要素（资本）市场的竞争优势和产品市场的竞争优势。其中，前者是指企业在要素市场中争取资源和合理配置资源的优势，即企业能比竞争对手获取更多的要素资源，并且能合理配置资源以充分发挥其效用（如建立科学的企业治理结构）；后者则是前者在业务战略上的体现，即企业在竞争性市场中能够持续地比其他企业更有效地提供产品或服务。李钢对此做了详细分析，见图 3-2。

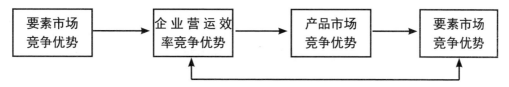

图 3-2 企业竞争优势在现实经济中发生作用的次序

在李钢看来，企业在要素市场的竞争优势、产品市场的竞争优势和营运效率的竞争优势分别从投入、产出和转换三个角度测量了企业的竞争优势。

从以上分类和分析中可以看出，企业竞争优势的形成和保持与企业资源的开发及利用是密不可分的。在黄群惠看来，隐藏在企业资源背后的企业配置、开发和保护资源的能力，是企业竞争优势的层次来源。人们认可这种观点，并以此为基础来构建基于资源观的企业集团竞争优势模型。

2. 基于资源观的企业集团竞争优势模型的构建

结合上面对企业竞争优势来源的不同角度的分析，构建基于资源观的企业集团竞争优势模型，如图 3-3 所示。

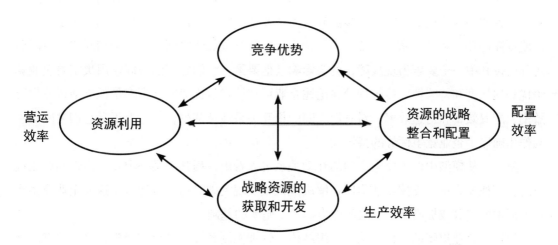

图 3-3 基于资源观的企业集团竞争优势模型

从图 3-3 可以看出资源的开发、配置、利用和企业集团竞争优势的关系：企业集团只有通过不断地开发和培育新的战略资源、合理配置以及充分利用这些资源才能为企业创造竞争优势；同时，企业集团拥有的竞争优势又有利于其获得更多的资源。李钢认为企业的竞争优势在某种程度上就体现在其与竞争对手在争夺有限的资源时较强的能力上，具有竞争优势的能争夺更多的资源，否则只能获得较少的资源。企业要想保持长期竞争优势就需要保持下列因素的良性循环（见图3-4）。

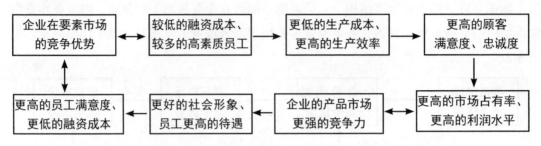

图 3-4 企业在要素市场和产品市场竞争优势的联系

3. 基于资源观的企业集团竞争优势模型的解析

企业集团可持续竞争优势模型显示了企业集团竞争优势和相关资源因素之间的结构关系及其可持续机制。

第一，模型概括了企业集团基于资源的竞争优势可能的来源。同时，如果考虑到战略资源的获取和开发、资源的战略整合和配置本身的战略导向，而战略本身又是基于对企业集团资源和外部机会的合理匹配的话，那么可以说这一模型是对企业竞争优势来源的一个全面概括。

第二，战略资源获取和开发、资源的战略整合和配置以及资源利用构成了企业集团资源经营管理的金三角。动态地看，它们缺一不可、相互作用，共同为企业集团创造经济价值，形成竞争优势。竞争优势又会为企业稳定发展带来资源优势，这又有利于企业生产效率、配置效率和营运效率的进一步提升，使企业集团的竞争优势得以持续和进一步增强，形成良性循环。生产效率、配置效率、营运效率和竞争优势之间存在六个相互增强或减弱的环路，其中一个要素出现故障，就会影响其他要素，它们之间的协同作用决定着企业竞争优势的强度和持续性。传统理论在论述企业可持续竞争优势时，大多是孤立地讨论生产效率、配置效率和营运效率，对它们之间的相互关系涉及甚少，实际上正是它们之间的相互作用确保了企业竞争优势的持续性。

第三，从模型中四项要素之间的互动关系可以看出，当其中某一项要素出现问题或危机时，其他要素可以支撑企业集团在解决危机或实现突破时的正常运转，这为企业集团实现发展中的突破或提高承担风险的能力提供了坚实的基础。

第四，企业集团的产权结构、组织结构、管理控制系统、文化和战略是这一模型的支撑系统（平台）。它们之间的协调一致性程度决定着模型能否顺利地运转。

3.2.2 企业集团财务控制模型

1. 模型构建

一般来说，企业竞争优势等同于价值创造，或者说竞争优势在财务上就体现为企业比竞争对手创造了更多的价值。同时，资源的获取和开发从财务角度来说就是企业投资行为；资源配置和整合在财务上主要体现为资本结构的选择，一而营运活动作为战略的执行过程在财务中则意味着预算控制活动。需要注意的是，资源的获取、开发与资源的配置与整合严格来讲都属于投资范畴，在这里予以区分：将前者界定为开发增量资源，而将后者视为如何有效利用存量资源。存量资源是企业通过长期缓慢的积累形成的，是分析企业竞争优势的重要基础；增量资源则是企业通过长期持续投入而开发的，目的是巩固其现有的竞争优势，或者是为了培育新的竞争优势积累资源。以这种区分为基础，可以按照这种应对关系构建基于资源观的企业集团财务控制模型，如图 3-5 所示。

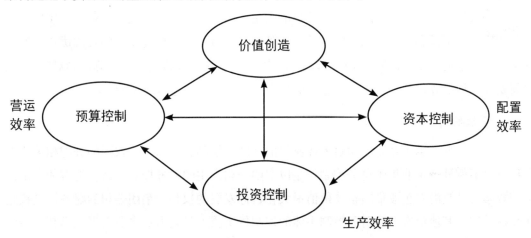

图 3-5 基于资源观的企业集团财务控制模型

采用这种对应关系来构建模型的依据就是吉登斯的"结构化理论"，即竞争优势模型体现的是企业的"行为"方面，而图 3-5 的财务控制模型体现的是企业的"结构"方面，两者实为一枚硬币的两面。同时，这和希望通过资源观角度切入集团财务控制研究，通过融合企业契约论和资源观的观点，以实现将企业集团的产业发展线和管理控制线结合的目的相一致。

可以说，企业集团和单体企业财务控制最明显的区别就在于，对单体企业来说本属于外部控制机制的财务治理，在企业集团治理边界内也被纳入了内部控制机制的财务控制范畴。因此，企业集团财务控制实际上包括两个组成部分：属于公司治理范畴的财务治理和属于公司管理范畴的财务控制。因此，王凤彬将产权管理纳入了集团公司管理，提出了集团公司的"管理金三角"，如图 3-6 所示。

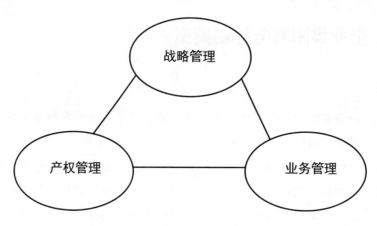

图 3-6 企业集团的"管理金三角"

图 3-6 表明，企业集团管理包括产权管理、战略管理和业务管理三个独立而又互相关联的方面。但相对而言，产权管理在企业管理中居于更加重要的地位。其中，产权管理是集团针对成员企业投入资本的管理，如应否投资某个项目，以什么方式投资（控股、参股等），决策权限的分派等；战略管理的目的则主要是明确企业集团投资的范围和领域，以充分利用现有资源和开发新的战略资源；业务管理的目的则是依托集团的资源优势，实现在某一产品市场的竞争优势。这也可以和模型中资本控制、投资控制和预算控制对应起来。也就是说，从财务角度对企业集团竞争优势模型的结构化描述是成立的。

2. 模型解析

第一，模型展示了企业集团财务控制权的来源。控制总是和决策权限的分配相关，财务控制也不例外。企业集团财务控制权是以集团公司为主的财务控制主体所拥有的，是使集团资本运动链沿着企业集团整体价值最大化目标发展的权利。集团公司的财务控制权是法律赋予的，其他层次上的财务控制主体的控制权实质上是人力资本所有者凭借其人力资本通过授权形式获得的。

第二，企业集团财务控制的目标是实现集团价值最大化，模型概括了集团财务控制各环节与这一目标的关系。一般来说，资本控制通过控制资本成本和风险来为企业创造价值，同时合理的产权结构具有良好的激励功能；投资项目和方向的选择会和企业价值创造的能力密切相关；营运效率的提升则体现为成本的节约或者收入的增加，这直接影响着当期的企业现金流入。这一关系也可以通过拉帕波特的股东价值结构图得到一定的证实。

第三，集团较强的价值创造能力能为企业集团下一步的投资提供更多资金来源，并且实践证明，内生性的资金来源是企业长期稳定发展的可靠资金保障。因此，模型中各因素之间并不是简单的互动关系，而是一个相互增强或减弱的循环过程。

第四，企业可持续价值创造能力以长期坚持的投资为基础，表现为企业集团通过财务控制权的分派实现了财务资源和人力资源、战略控制和财务控制的整合。这种以各种控制机制整合为基础的集成控制机制是财务控制的最高阶段。

第五，企业集团组织结构、战略、文化等的匹配是企业集团实现良好财务控制的基础，各种财务控制方法的合理运用则是实现有效财务控制的必要条件。集团战略的目的是对集团的现在和未来进行定位，即选择集团目前和未来的业务组合。因此，它既决定着集团存量资源的整合和配置，也影响着集团培育和开发新增资源的方向。组织结构和文化则在很大程度上决定了集团的执行能力，或者说合适的组织结构和匹配的组织文化是集团战略得以有效执行的基础。"大源于战略，强源于执行"，可见，集团组织结构、战略和文化是实现集团财务控制价值最大化目标的基础和保障。

第六，集团多单位、多业务组合的特征有利于提高其价值创造能力和潜力。对于集团内处于成熟行业的业务，集团财务控制的重点是通过提高营运效率、削减成本等方法来提高其利润水平，以便为集团投资提供资金保障；对处于新兴行业的业务，集团则将重点放在加大投入以促使其高速发展上。例如处于医药（投资回报率高达40%～50%）等高投资回报行业的业务，高投资回报率依赖新产品开发的速度，集团财务控制的重点是通过加大投资力度以加快推出新产品或加大现有产品的市场渗透，而不是削减成本和提高运营效率。同时，对那些很难为集团创造价值的业务，应尽快将其剥离或出售，将回收资金用于有创造价值的投资上。可以说，集团财务资源的共享是集团财务控制相对于单体企业的根本优势所在。

3.3　企业集团资本控制

从财务的角度看，企业是一个所有权的集合体，或者说是企业要素所有者为了实现自身利益最大化和各自利益的平衡而签订的一组契约；从资源的角度看，企业是一系列资源的集合体，目的是实现这些资源的整体优势和发挥协同效应。两种观点的共同点是都强调了决策权限的分配：前者认为决策权限的分配是基于财产所有权，后者则认为决策权的分配是和关键资源的占有权相关。在西蒙斯看来，决策权限分配是和控制问题紧密相关的。以财产所有权为基础的决策权分派和控制是受到法律保护的，《中华人民共和国民法通则》第七十一条规定，财产所有权是指所有人依法对自己的财产享有占有、使用、收益和处分的权利。从这个意义上来说，派生于关键资源占有权的决策权限的分派和控制由于得不到法律的保护而往往依赖和财权的联结来实现。尽管无产权保障的治理机制可以在特定条件下解决公司的效率问题，但从长远来看，产权安排却限制了各种治理机制对公司效率发挥作用的程度，产权解决不好，各种治理机制对公司效率的影响始终存在。同理，企业集团中母公司对子公司的监控也是依靠资本控制来实现的。将两种观点整合起来可以看出，企业集团资本控制的关键就在于最大限度地发挥母子公司资源共享优势和协同效应，以实现母子公司双方共同利益的最大化和各自利益的平衡。

3.3.1　企业集团资本控制的特点

企业集团资本控制是母公司以其所持股权为依据对子公司进行的财务控制。企业集团资本控制具有以下五个特征：①资本控制的唯一依据是股权投资，非股权投资而形成的控制不属于资本控制；②资本控制的适用范围是以股权投资为主要连接纽带的企业集团；③资本控制的主体是集团母公司，客体是集团子公司，不包括未形成实际控制的参股公司、关联公司；④资本控制的目的是从子公司的经营活动中获取利益，这种利益包括资本收益在内的有利于集团整体利益、长远发展和组合效益的多种利益；⑤资本控制既包括控制权力，也包括实施权力的管理活动和控制手段。

一般来说，公司治理制度可以分为四种控制力量：①资本市场和控制权市场；②法律、政治和管制制度；③产品和投入要素市场；④以董事会为首的内部控制制度。其中，前三种力量构成了公司外部治理机制，即这些力量通过制约掌握公司控制权的内部人发挥作用。后者则构成了公司内部治理机制，因为它直接作用于公司内部控制体系。相对而言，前三种力量虽然具有关键作用，但往往缺乏及时性并且代价高昂，因此应作为最后的选择。因此，内部治理机制与外部治理机制的关系应该是：内部治理机制是公司治理制度的核心，而外部治理机制是公司治理制度的外在保障。外部治理机制作为一种"救火机"式的事后机制，其目的在于催生有效的内部治理机制，防止内部治理机制的蜕变和过分恶化，并在必要的时候改革失败的内部治理机制。而内部治理机制作为一种防患于未然的事前机制，能够直接有效地实施及时性的战略调整，并改进公司管理效率。这主要因为内部治理机制基于信息上的优势，可以快速及时地对相关事件做出恰当的反应，并具有一定的前瞻性。

企业集团资本控制的特点是它兼有外部控制机制和内部控制机制的特征：对子公司来说，资本控制是一种外部控制，但对整个企业集团而言，却属于内部控制，是站在集团公司的角度来讨论企业集团资本控制的问题。因此，集团公司对子公司的资本控制兼有内部控制机制和外部控制机制的特征。

3.3.2　企业集团资本控制的目标

结合以上论述，企业集团资本控制的目标可以概括为通过合理安排企业集团对子公司持股结构，合理分配企业决策权限以最大限度地发挥母子公司资源共享优势和协同效应，实现企业集团整体价值的最大化。

企业集团资本控制的特征意味着企业集团资本控制的目标具有层次性，这种层次性是由资本控制的基本内容决定的。集团公司资本控制主要包括以下基本内容和层次：资本控制的直接目标是界定母子公司责、权、利，形成集团决策机制；资本结构控制的直接目标是优化整个集团的资本配置；资本关系（委托代理关系）控制的直接目标是约束公司经营管理者，减少代理费用；业绩评价的直接目标是计量子公司的价值和经营成果，评价子公司管理者的业绩，激励子公司的经营管理者，解决动力问题。

3.3.3 企业集团资本结构决策

股权投资（资本纽带）是企业集团对子公司进行资本控制的法律依据，而企业集团的资源集合体特征又意味着集团实现有效资本控制的前提是协调好财务资源和智力资源之间的结构和关系，以更好地实现两者的耦合，以便为集团创造更大的整体价值。从财务的角度考虑，企业集团资本结构的安排和动态调整是实现上述目标的基本途径。

1. 企业集团资本结构决策的特点和依据

（1）企业集团资本结构决策的特点

和单一企业的公司产权结构决策相比，企业集团资本结构决策具有以下两个突出特点。

第一，战略导向。企业集团产权结构安排需要从企业集团整体战略出发，考虑其对各被投资企业的出资额和控股方式，以期通过各被投资企业间的相互协同来达到集团整体的业务协同与母公司财务收益最大化。因此，它不仅涉及集团公司对下属公司的控制比例、控股方式，还涉及集团公司如何从战略上把握各下属公司间的产业关联和管理关联，并通过产业关联或管理关联、收益实现方式等，实现企业集团整体价值的最大化。

第二，可调整性。单一企业产权设计力图通过"股权—控制权—公司治理与管理控制—业绩表现"这一逻辑来解释股权结构与公司业绩间的关系，它所体现的是一种静态的经济学意义上的分析，难以体现对股权结构这一要素及其派生的各种权利的管理属性。集团产权结构设计研究则力图围绕"从战略上回答为什么要设立子公司—集团公司资源可得性及对各子公司持股比例与控股方式—对子公司的控制权及管理体制—各子公司的业务、管理协同—最终财务业绩—集团公司总体协同业绩与集团公司股东价值最大化—集团公司对各子公司股权结构的再调整等"这一逻辑思路与管理闭环来展开。它非常强调股权的可设计性与可管理性，关注股权在整个企业集团内部的可调控性、股权所派生的各种权利的综合应用性及资源整合性。也就是说，在管理理论上，它考虑的是股东持股比例及其与之对等的各股东主体所拥有的各种派生的管理权利，通过合理化应用这些管理权利来达到管理目的。

（2）企业集团战略是其资本结构决策的依据

对企业集团来说，努力使下属业务单位成为集团整体战略的有机组成部分，以战略指导企业集团创造更大的整体价值和整体竞争优势往往是其成功的重要基础。

企业控制的权力有两个来源：关键资源的专有权和产权。来自关键资源的权力是一种"进入权"，即能够使用某种关键资源，或者对某项关键资源起作用的能力。"进入权"理论认为，企业中的权力来源于对公司组织租金创造有价值的资源的控制，这些资源不一定是财务资源，也可以是信息、知识、创意、客户关系等企业的关键资源。从某种意义上来说，公司治理结构中所强调的委托—代理关系就是由于两种资源拥有者的分离，所以"智力资本"和"物质资本"的组合方式和结构才显得重要。由于关键资源"进入权"也可以派生出控制权，所以企业集团在进行资本结构决策时必须考虑母子公司的资源结构、性质和相对价值的高低。一个基本的原则是资本结构决策应能够协调派生于产权的控制权和派生于关键资源"进入权"的控制权。这种协调的一个基本目的是避免两者的冲突和对立：如果母公司拥有关键资源，就可以采取控股的方式来充分发挥自身资源优势以创造更多价值；如果子公司拥有关键资源，集团公司最好是以参股的方式获得一定的"发言权"，以充分发挥子公司关键资源的优势。这一点对于中国企业集团尤为重要，人们认为中国企业集团普遍存在的管理失控现象并不能完全归结为产权界定的模糊，集团公司缺乏关键资源也是一项重要的影响因素。由于缺乏关键资源，企业集团就不能通过对集团范围的资源整合和配置以实现整体优势，导致中国企业集团广泛存在"集而不团"的现象，形成了一大批所谓"形似（股权联结）"而"神不似（缺乏资源共享和协同）"的企业集团。

2. 不同资本结构下的资本控制

企业集团资本控制的核心是企业集团得以形成的股权纽带：母公司正是凭借对子公司投资形成的股权，进入子公司的股东会和董事会，才能对子公司的人事任免、资产处理、经营管理等发挥决策作用，形成对子公司的人事等关系。企业集团在下属子公司、关联公司中形成的产权网络无形中已把各个企业连成了一个利益共享、风险同担的结合体，这时核心企业的总体规划要以成员企业的实际情况作为考虑问题的出发点，遵循自下而上的操作原则并形成最终的方向性决策，成员企业也应以集团的总体目标为发展方向，在制定企业发展规划时予以贯彻和参照。

企业集团资本控制在总体上要解决的问题是集权与分权的问题。集权与分权是对企业权利分配的两种对立的措施：集团既要是一个协调、互动、高效的组织，这样才能发挥规模效应和协同效应；同时，还要是一个遵循法律上的相对独立性、直接面对竞争和市场、创造宽松氛围以利于创新的组织。在任何一种情况下，企业集团都是在控制与自由的两难中寻求一种集权与分权的平衡，都需要考虑"有控制的分权"这一原则。有效的集团资本控制框架包括：强有力的母子公司财务控制体系，能够控制和协调各成员企业的活动，这是集权与分权问题的直接体现；设置合理的集团组织结构，包括有效的财务职能的组织结构和其他牵制财务职能的组织结构；有效的集团财务监管体制。

（1）集团对全资和绝对控股子公司的全面控制

全面控制是指集团为了对全资子公司或绝对控股子公司进行绝对财务控制而采取的一种全面控制模式。这种控制模式的特点是：母公司对子公司的财务、人事、经营活动进行全面控制，包括母公司直接任命子公司的管理层，直接参与子公司的产品开发，子公司的收益分配政策由母公司决定。这种模式的组织结构为在总部设副总经理分管各子公司，各职能部门对子公司的对应职能部门进行直接领导。

全面控制模式的优点是：母公司能够直接控制子公司，母公司能够及时决策，并迅速在子公司中实施；母公司的职能部门对子公司职能部门进行相应控制，控制的反馈及时；母公司对子公司的直接管理减少了管理层次，控制力度增大；母公司能够有效地调配各子公司的资源，协调各子公司的经营活动，发挥整体功效。这一模式也有缺点，主要是子公司的经营管理积极性与能动性受到限制，导致子公司本位主义严重，对长远发展和母公司的长期目标不利；同时，子公司会将经营的失败归咎于母公司的指挥失误，从而对母公司产生影响。

（2）集团对相对控股子公司的重点控制

在相对控股情况下，母公司通过资本投入成为子公司的股东，并取得了相应的资本控制权。这时，母公司对子公司的控制是通过取得股东会及董事会的表决权优势来取得，母公司的收益来自公司盈利的分红。

重点控制比较符合现代企业制度，同时有利于企业集团内母子公司法人治理结构的建立，母公司对投资的退出机制和融资机制较有效，子公司发展得好，母公司可以通过上市重组等方式使子公司吸纳新股东，进行资源扩张，从而推动子公司的发展；子公司发展不好，母公司可以通过资源运作将子公司出售。但这种控制模式的缺点也是很明显的，主要表现为子公司是完全独立经营的法人实体，其财权、人事权、经营权独立于母公司而母公司仅通过股东会、董事会来对其实施控制，控制距离较长，控制反馈不及时，使控制的有效性难以保证，董事会的作用往往不能有效发挥，容易造成投资失误，导致资源浪费。

要保证这种重点控制的有效运用，企业集团母公司必须加强董事会的作用，母公司可以通过设立常设董事和执行董事增加董事的权力，实现董事会与子公司总经理权力的合理分配。此外，母公司还必须建立对投资企业的信息反馈渠道，母公司可以通过对投资企业派驻管理人员的方式增加子公司的信息来源渠道。

对参股企业，集团公司具有"发言权"但缺乏控制权，只能通过这种股权联结实现集团与参股企业的稳定关系，或是希望获得某些资源或长期发展机会。通过参股获得诸如知情权等相关权利也为集团下一步的股权结构设计提供了条件。

需要注意的是，企业集团是作为一个整体组织而存在，集团有共同的利益追求和共同的战略目标。为了实现共同目标，客观上也要求各成员企业在生产经营活动中协同运作，形成集团优势，实现企业的聚集效益。成员企业间协同性的大小取决于组织结构层次的松紧。与集团公司关系密切的控股层企业不仅与集团公司协作性强，控股层中诸企业之间的关系也较为密切；而参股层企业与集团公司及集团其他成员企业之间的关系则逐渐疏松，协作关系也逐次降低。集团公司结合不同持股结构对不同成员企业采取不同的控制方法，符合企业集团的层次性结构，显示了集团对不同性质子公司的区别对待，也有利于企业集团实现自身的长期发展战略。

3.3.4 集团公司对子公司经营者的激励和监督

无论权力的来源是财产权还是关键资源的控制权，作为一种多层级的组织形态，集团公司为减少失控损失，实现整体经营目标，就必须对其资本组织内部的子公司管理者进行激励和监督，对资本投资和配置做出决策。企业集团通过对子公司经营者绩效评价、激励与监督机制的应用，在避免代理损失和增加代理成本之间进行平衡，协调委托代理关系，其构成了集团公司资本控制的重要内容。

1. 企业集团对子公司经营者的绩效评价

（1）绩效评价的演进

绩效评价的发展是与企业管理的实践紧密结合在一起的。早期的业绩评价主要致力于提高经营效率，如 19 世纪末以泰罗为代表的管理学家基于对工作效率的系统化研究建立了标准成本、差异分析及相应的奖励制度。随着多元化经营和分权化管理的发展，人们又在业绩评价中逐步引入了业绩指标，如 20 世纪初杜邦公司以投资报酬率为中心创造了至今仍被广泛应用的杜邦分析体系。杜邦分析体系在企业管理中发挥的巨大作用奠定了财务指标作为评价指标的统治地位。应用最广泛的评价指标有投资报酬率、权益报酬率和利润等财务指标。尽管对于绩效评价中过于强调会计指标存在争议，但由于会计数据易于获取、可比性强，且具有使业绩评价更具可操作性的特点，致使到目前为止，它仍是绩效评价的重要组成部分。

进入 20 世纪 80 年代，由于日本企业快速崛起，学界和实务界对于其成功原因进行了详细分析，西方国家理论界和有关行业组织对企业绩效评价的研究更加深入，理论界开始关注非财务绩效指标的使用，但实践中依然是以财务绩效评价指标为主，只不过更加具体和细化。例如，美国管理会计委员会从财务效益的角度发布了"计量企业业绩说明书"，提出了净收益、每股盈余、现金流量、投资报酬率、剩余收益、市场价值、经济收益、调整通货膨胀后的业绩（主要是基于 20 世纪七八十年代世界范围内的两位数的通货膨胀率）八项计量企业经营效绩的指标。随着市场竞争的加剧和影响企业绩效因素的日益复杂化，会计界进一步提出了企业绩效评价的权变理论。该理论认为，实践中没有一种不变的普遍适用的管理原则可以遵守，企业必须随机应变，及时有效地对社会环境的变化做出反应，才能立于不败之地。这是一个定量评价与定性评价相结合的复合评价体系，是一种更加综合的评价方法，是以财务为核心的业绩考评衡量系统，即以财务报表所提供的数据为基础，计算出有关的财务指标，对企业的业绩进行反映和评价，如杜邦分析系统、沃尔的财务状况综合评价、财务状况综合评分等。它们在认识企业控制能力、获利能力、偿债能力、成长能力等方面发挥了巨大的作用。这一时期在美国企业评价系统中，一般都有统一的评价标准，但主要基于主观判断，量化的数据资料标准所占比重较小。进行评价时，评价主体考虑风险结构的影响，收集有关定量与定性信息，与评价标准进行比较，然后通过权衡选定一个级别。

20世纪90年代以来，人们提出了将财务指标和非财务指标相结合的企业绩效评价方法，如作业成本核算法、平衡记分卡、经济增加值评价法等。现在，随着企业伦理、社会责任等问题日益引起人们的关注，人们又将一些反映利益相关者的利益指标纳入了绩效评价指标体系。绩效评价指标体系的日益扩张反映了企业所处内外部环境的动态化和复杂化，但过多的绩效评价指标体系也在降低绩效评价的效果，一如过多的目标降低其实现有效程度一样。并且，对于处于不同经济环境、不同市场结构、不同生命周期以及不同行业、规模等的企业来说，本来就不应该存在一套普遍适用的绩效评价指标体系。

通过分析可以发现，企业绩效评价的上述发展过程遵循以下三个逻辑。

第一，组织背景的变化是绩效评价系统设计的起点。企业作为复杂的、开放的有机系统，要在剧烈变动的市场中生存和发展，就必须有能力及时察觉组织内外环境的变化，并积极做出应对，绩效评价系统作为企业适应组织背景并确保战略实施的一种工具，以组织背景为起点进行设计就成为一种必然趋势。

第二，绩效评价与组织管理的整合趋势进一步加强。审视绩效评价的发展进程可以看出，业绩评价与组织管理的整合趋势进一步加强。例如战略制定和战略规划应该是业绩评价子系统设计和应用的前提；为了实施控制，需要通过信息反馈与报告监督战略实施与执行情况；为了提供动力，需要将评价结果与奖惩相挂钩，建立激励机制。因此，要使业绩评价系统发挥其应有的作用，就必须使其充分融入组织的管理控制系统之中。这种整合的理论基础是战略管理和管理控制理论。对处于激烈竞争环境中的公司而言，战略管理已成为一种相当重要的工具。对于现代企业而言，关键问题不在于战略规划和战略实施，而在于战略的控制。管理控制系统就是这样的一种控制机制。业绩评价在管理控制系统中处于核心地位，因为对于一个组织而言，通过业绩评价可以比较实际结果和业绩目标之间的差距，从而帮助管理者时刻注意追踪战略的实施，最终实现组织目标。但是业绩评价系统要发挥作用，必须依赖其他子系统的支持。战略计划是业绩评价系统的前提，如果没有战略计划，就难以确定业绩评价的目标和基准。信息与沟通是业绩评价系统的基础，如果没有及时的信息反馈，管理者就难以做出正确的决策；如果没有充分的内部沟通，管理者的决策就难以获得有效的支持。业绩评价必须与报酬计划相结合，如果业绩评价缺乏明确的报酬计划或者报酬计划不以业绩评价为依据，就会导致业绩评价的激励作用和约束作用大大降低。总之，业绩评价系统的设计必须与管理控制其他子系统保持一致性，否则难以实现组织的战略目标。

第三，绩效评价系统化发展趋势愈加明显。绩效评价的系统化体现在指标的扩展，即从过去的单一指标逐渐过渡到多元的指标体系、从只有会计基础的财务指标逐渐发展成为各种基础皆有、从只关注财务结果逐步进化到同时关注驱动财务结果的非财务活动。这种演变趋势反映了对设计绩效评价指标体系的要求。首先，系统化要求业绩评价系统不仅要是一个具有明晰目的的综合整体，还应与其所存在的组织背景相适应。其次，进行系统分析，分析各组成要素之间潜在的相关性。最后，采用系统管理方式，从整体效果最优的观点出发设计业绩评价系统，强调各组成要素之间的相互关系和相互协调。总之，在设计业绩评价系统时，不仅要注意系统要素的完整性，而且要注意要素之间的关联性。

应该说，这三个发展逻辑很好地概括了绩效评价系统的特点及发展趋势。可以确定的是，随着企业所处环境的日益复杂化，随着企业管理理论和实践的进一步发展，企业绩效评价系统还会有相应的变化和发展。

（2）绩效评价的模式

按照主要评价指标的不同，可以将绩效评价系统划分为三种模式，即财务模式、价值模式和平衡模式。

①财务模式。财务模式产生于20世纪初的生产管理阶段，当时巨大的市场空间使规模经济成为企业的主要追求，企业的目标主要是通过提高生产效率来追求利润最大化。由于不断地通过外部融资扩大生产规模，所以庞大的投资使企业最关心并评价以投资报酬率为核心的财务指标。因此，财务模式中所使用的绩效指标主要是从会计报表中直接获取数据或根据其中的数据计算的有关财务比率。这些数据的获取严格遵循会计准则，最大限度地减少数据的人为调整，具有较高的可比性。但是，由于会计准则从谨慎的角度反映了外部利益相关者的要求，并且按照历史成本原则进行计量，所以财务模式无法从战略角度反映企业决策的要求，即无法反映财务指标和非财务指标之间的因果关系。另外，在预算执行过程中，如果某个部门的财务指标被修改，会导致企业整体目标分解的逻辑性、系统性的丧失。因而，在现实中，除了预算中的财务指标外，还需要一些非财务指标来判断企业的得失成败。同时，为保证企业目标的实现，企业还需要建立健全投资决策制度、资金管理制度等相关的财务管理制度。

②价值模式。财务指标虽然具有操作简便的优点，但也存在被操纵的可能，因而，未必能够真实地反映企业的经济现实与未来价值。基于此，价值模式以股东财富最大化为导向，它所使用的评价指标主要是经过调整的财务指标，或根据未来现金流量得到的贴现类指标。价值模式中最有代表性的当属经济增加值。从股东的角度来看，他们最关注自身的财富是否有所增加。股东的财富是否增加可用市场价值增加值（MVA）来表示，其计算公式为：MVA＝市值－总资本。从原理上看，MVA是评价股东财富创造的准确方法，胜过其他任何方法。但是，MVA仅限于从外部对上市公司进行整体评价。在评价公司内部各个局部的绩效方面，MVA是无能为力的。由于MVA自身的缺陷，管理者不得不采用一些与MVA联系紧密的内部绩效评价指标。因此，许多公司将利润类指标（如每股收益、利润额等）作为首选的内部指标，并按其增长给管理者发放奖励。但是，现实中没有可信的证据说明利润决定股东财富，而有大量的相反证据。例如，一些公司为了不断地取悦股东，不惜采取那些能够提高账面利润却毁坏价值的行动，曾发生在美国公司的财务丑闻就是最好的例证。

通过对传统财务指标的调整，美国思腾思特咨询公司建立了经济增加值（EVA）评价指标，并通过大量事实证明了 EVA 是与 MVA 相关程度最高的内部绩效评价指标，即 EVA 作为绩效评价指标优于会计利润指标。EVA 是公司经过调整的营业净利润（NOPAT）减去该公司现有资产经济价值的机会成本后的余额，其公式为：

EVA=NOPAT–WACC×NA

其中，WACC 是企业的加权平均资本成本；NA 是公司资产期初的经济价值，是对公司会计账面价值进行调整的结果；NOPAT 是根据报告期损益表中的净利润经过一系列调整得到的。在计算 EVA 的过程中，思腾思特咨询公司站在经济学的角度对财务数据进行了一系列调整（最多可达 160 多项），这种调整使会计利润更加接近企业的经济现实。企业 EVA 持续增长意味着公司市场价值的不断增加和股东财富的增长，从而有利于实现股东财富最大化的财务目标。在进行调整时，需要考虑公司的战略、组织结构、业务组合和会计政策，以便在简单和精确之间实现最佳的平衡。

可见，价值模式站在股东的角度来评价企业的绩效，能够有效地将企业战略与日常业务决策及激励机制有机地联系在一起，最终为股东创造财富。但是，也不能忽视其不足的一面。尽管价值模式试图建立一种优于财务模式的绩效评价指标，但它的评价指标主要还是通过对财务数据的调整计算出来的货币量指标。由于对非财务指标的考虑不足，价值模式无法控制企业的日常业务流程。同时，价值模式没有充分考虑企业的其他利益相关者。

③平衡模式。相对于财务模式和价值模式，平衡模式最大的突破就是引入了非财务指标。但这只是表面，从深层来看，平衡模式以战略目标为导向，通过指标间的各种平衡关系以及战略指标或关键指标的选取来体现企业不同利益相关者的期望，从而实现企业价值最大化的目标。许多研究者认为，非财务指标能够有效地解释企业实际运行结果与预算之间的偏差。例如，市场占有率和产品质量等非财务指标长期以来就被企业用于战略管理，因为它们可以有效地解释企业利润或销售收入的变动。此外，非财务指标能够更清晰地解释企业的战略规划以及对战略实施进行过程控制。非财务指标主要是企业绩效创造的动因指标，它是企业绩效评价体系纵向延伸的结果，强调了操作者在绩效控制体系中的作用，而且非财务指标是操作者最易理解的评价指标。因而，由财务指标与非财务指标组成的评价指标体系就犹如企业的"神经系统"一样：适时地"感触"企业的"健康"状况，精确地"定位"企业的"病灶"，正确地"预示"企业的发展趋势。

三种绩效评价模式的比较如表 3-2 所示。

表 3-2　三种绩效评价模式的比较

名称 项目	财务模式	价值模式	平衡模式
评价目标	提高生产效率 提高产品质量	为股东创造价值	为利益相关者创造价值

项目　　名称	财务模式	价值模式	平衡模式
评价指标	财务指标 会计基础 ROI、ROE	修正的财务指标 市场基础 EVA	多维业绩指标 利益相关者基础 财务指标与非财务指标
评价标准	预算标准 行业标准 历史标准	长期计划标准	竞争标准

需要注意的是，每种绩效评价模式的产生都有深刻的背景，反映着企业管理面对环境挑战而涌现出来的与时俱进的创新精神。需要强调的是，绩效评价模式的划分只是出于理论研究的方便，现实中并不存在完全泾渭分明的绩效评价模式。每种绩效评价模式都有各自的优缺点，不同的绩效评价模式之间不是互斥的关系，它们可以相互补充。一般来讲，每一个企业的绩效评价系统都应该包括若干基本的组成要素。但是，考虑到每个企业所处的行业、竞争环境、限制因素、生命周期等内外环境的不同，企业绩效评价系统的评价目的、评价指标、评价标准都会有所不同。也就是说，绩效评价系统不可能脱离其服务的对象——企业。因此，并不存在适合所有企业的标准绩效评价系统。对于企业集团来说，由于各个成员企业的不同情况和其在企业中的不同定位，企业集团一般也不存在一个对所有成员企业适用的绩效评价体系。

（3）企业集团内部责任中心的划分及其绩效评价

一般来说，大企业特别是那些有多元事业群的企业集团，其组织通常都划分为不同事业单位。这种架构可以让总部管理者了解集团内各事业群（部门）的效率和获利情况，并且有利于其对各单位的管理者明确责任和提供合适的奖励机制。较为流行的方法是自集团公司开始依序向下建立投资中心、利润中心和成本中心，每一中心都有不同程度的决策权，因此会有不同的绩效标准。

一般来说，企业集团母公司或结合其控股的核心子公司构成集团的投资中心，担负着整个集团的战略规划和战略管理。投资中心本身也能通过较低的资源成本创造出一些价值，但大多数投资中心的价值创造是通过业务单位层面实现的，即单个业务单位可以通过投资中心配置的资源在某一具体产业获得比竞争对手更好的绩效。古尔德等提出的检测集团在某个业务单位是否具有优势的三个标准就较好地反映了投资中心这一价值创造过程。

投资中心对集团资金的使用，或者说对投资机会的评估有更多的决策权。它是集团最高层次的责任中心，通常包含几个或更多的利润中心。对投资中心的绩效评估也主要是基于投资报酬率、剩余收益或经济增价值。

利润中心主要有两种类型：事业部和核心企业（旗舰企业）。事业部是代表母公司管理集团中某一行业或某一地区业务的中间机构。在事业部之下，是一些有业务关联的子公司。旗舰公司本身可能是子公司，也可能是一个控股公司，负责集团某一项核心业务的战略规划和管理。旗舰制和事业部制都是企业集团进行战略管理的中间机构，不同之处在于：旗舰子公司是独立承担民事责任的公司法人；而事业部则只是代理母公司进行行业管理的中间机构或一级分公司，本身不具有独立的法人资格。在某种意义上，可以将事业部看成是母公司职能部门的自然延伸。显然，在独立性方面，事业部要逊于旗舰子公司。这种独立性的差异也影响到两者作用的发挥。一般来说，事业部制在贯彻集团战略意图上比较坚决；集团可以方便地转移定价和合理避税，以很好地发挥集团优势；旗舰制在利用当地资源市场和产权交易等方面更具灵活性，从而有利于企业集团的快速成长。实践中，在企业集团内部可能同时存在事业部制和旗舰制。

利润中心一般要负责集团在某个地区、某个行业或某个产品的经营权，有权决定生产投入、产品组合和销售价格。对利润中心的绩效评价，一般是根据其真正的会计利润而定。但在计算各个责任中心的利润时需要注意三个影响因素：一是事业单位间的产品和服务价格如何转移；二是集团的那些经常性费用应分配到某些特定事业单位；三是上述费用如何在相应事业单位间进行分配。显然，对企业集团的高管来说，这是一个容易引发争议的问题。

成本中心负责一定的产出目标，并且根据达成产出目标的效率来进行绩效评价和奖励。成本中心是成本发生单位，一般没有收入，因此，只对其责任区域内发生的成本负责。成本中心可以分为标准成本中心和费用中心。前者是指那些有明确、具体的产品，并且对生产产品所需各种要素的投入量能够合理预计的成本中心，如集团下属工厂、工厂车间、班组等；后者是指那些产出结果无法有效计量，投入产出间没有密切联系的成本中心，如集团人力资源部等服务部门。

对成本中心的绩效评估主要是基于其生产效率：将既定产出的成本最小化或将既定成本预算下的成果最大化。

由于集团内的事业单位常常提供产品或服务给另一个单位，这就导致了如何确定合适的转移价格的问题。转移价格是集团总部面对的最棘手的问题之一：它不仅会影响集团内各业务单位的利润水平，而且影响各个事业单位的经营决策，进而影响集团的整体获利。事业单位经理依据他们所面对的转移价格来决定如何投资、采购和生产。如果转移价格不能准确地反映资源的价值，就可能诱导经理做出不当的决策。对跨国公司来说，转移价格的制定还容易受到税率的影响。总部在制定转移价格时，总是尽可能把大部分利润划拨给国家税率较低的事业单位。

一项产品或服务的最理想的转移价格就是其机会成本。然而，由于集团总部很难获得准确计算机会成本所需的各种信息，导致决定合适的转移价格成为一件非常困难的事，经理人一般会借用各种近似值。市场基础转移价格、边际成本转移价格、总成本转移价格和协商转移价格是四种常见的转移价格。

市场基础转移价格是最受推崇的转移价格，问题是大多数中间产品本身缺乏外部市价作为参考，并且在很多情况下，市价并不能很好地反映企业自己生产的机会成本。边际成本代表着生产最终产品所消耗的资源的价值，但其划分的相对性以及随数量改变而发生变动的可能性，也使边际成本在应用中面临一些难题，对固定成本的忽视也不利于企业长期的生产经营。总成本因其简单、客观的属性而成为企业制定内部转移价格的一种常见的选择，但通常会高估企业在内部多生产和转移一件产品时的机会成本。内部转移价格也可以通过相关部间的协商而取得。协商的方法可能产生最接近机会成本的转移价格，但也容易引起部门间的冲突，并且协商过程往往要耗费一定的资源。

2. 企业集团对子公司经营者的激励

（1）绩效评价和激励的连接

对责任单位的绩效评价有两个目的：一是为部门或员工提供一些反馈意见，以帮助他们提高或明确改进重点；二是作为奖惩的依据。绩效评估和激励机制一般是紧密相关的，因此，评估提供的激励诱因在很大程度上影响着人们的行为。正如人们常说的那样，"员工会做你所考核的事情"。这种与绩效相关的激励有两个优点：一是通过奖励和产出的直接联系能产生强大动力，二是能节省监控和监督雇员活动的昂贵的管理成本支出。显然，和奖惩挂钩的绩效也可能带来一些问题，如诱发员工的自我美化行为，甚至会导致损害公司价值的行为。此外，在很多情况下，员工的生产力会受到许多非个人所能控制的因素的影响，或者是员工的产出很难明确计量，这就使企业的绩效评价面临很多难题。一方面，有效的奖励机制对员工绩效评估的准确度有很强的依赖；另一方面，绩效评估准确度的提高往往伴随着评估成本的提高。此外，绩效评估还面临视野广度和期限跨度的平衡问题。或许正是绩效评估面临的这些困难使人们越来越重视诸如价值观等非正式机制在企业管理控制中的作用。

（2）激励的方式

①薪酬激励。实践证明，薪酬是一个最有效且普遍适用的激励体系。一般而言，一项行之有效的薪酬激励体系需要具备四个特征：对内公正性（根据员工各自工作的价值提供薪酬），对外竞争性（参考市场一般水平提供薪酬），对个人的激励性，易于管理性。需要注意的是，这些要求本身就存在极大的矛盾，如对内公正性和对外竞争性，处于不同环境的集团成员企业显然在绩效上缺乏有效的可比性。这种目标的多元性也使企业的薪酬激励体系在设计时日益重视结合自身具体情况，日益重视以企业整体战略和核心价值观为基础。

企业集团可以结合整体战略、子公司在集团中的地位、子公司所处行业环境等相关内容来设计对某一子公司经营者的薪酬体系。子公司经营者薪酬一般包括基本工资、奖金／分红等，为了更好地体现经营者对经营风险的承担，目前越来越多的企业采用了年薪制的形式。年薪制一般包括基本年薪和风险收入两部分，其中的风险收入部分一般是和企业设定的绩效指标直接挂钩。例如采用年薪制的海信在对子公司经理考核时就规定当绩效指标未达到规定要求时（如子公司负债率超过集团规定标准、应收账款超过销售的 5% 等），子公司经理的年薪就要打折。

②股权激励。委托代理理论认为，在经营者的薪酬中，必须含有风险收入，否则所有者的收益不可能达到最大；当经营者的报酬全部是风险收入时（经营者与所有者合二为一），激励机制最优。这一结论意味着，让经营者享有部分剩余收益索取权是一种有效的激励手段。在惠廷顿看来，所有权明确了权力并提供了动力。因此，让子公司经营者享有部分剩余收益控制权是一种有效的激励方法。同时，薪酬激励由于其考核期间的特定性而不利于企业的长期利益。出于以上原因，股权激励逐渐成为一种常见的激励形式，而常见的股权激励方式有以下几种。

第一，股票期权。股票期权是指所有者向经营者提供的在一定期限内按照某一既定价格购买一定数量本公司股份的权利。届时，经营者可以选择是否行使这种权利，行权时股票的市价和约定价格的差额是经营者可能的收益。可见，股票期权是一种把所有者和经营者的长期利益结合起来的激励方式，也是目前被国内外企业普遍采用的一种激励方式。

第二，虚拟（业绩）股票。虚拟股票是为了让经营者享有部分剩余收益索取权而设计的一种激励方式。在这一方式下，经营者可以获得一定量的虚拟股票，但这些股票只有剩余收益索取权而没有剩余收益控制权。经营者可据以享有股票升值收益和分红的权利。

第三，限制性股票。限制性股票一般是直接赠送股票给子公司经营者，但在一定期限内，经营者不得出售这种股票，并且如经营者在规定期限内离开，企业还可以收回其持有的股票。

实践已经证明，股权激励是一种有效的长期激励方式。目前，这一激励方式已在我国企业中得到了逐步推广。对于我国企业集团而言，通过母子公司这一组织结构相应缩小企业规模，既有利于股权激励的推广，又有利于实现企业财务资源和智力资源的耦合，因而，也有利于提升企业集团的价值创造能力。同时，股权激励的长期性有利于集团人力资源的内部提拔和培训（这是许多跨国公司常用的人才培养方式），有利于形成集团异质性的战略资源。从子公司经营者的角度来说，集团内部广阔的成长空间本身就是一种有效的激励手段。

3.4　企业集团对经济企业信息资源管控分析

企业信息资源化趋势引起的企业信息安全和企业信息资源保值增值问题，是一个既有对立又实际紧密连接的重大课题，需要相关人员不断地探讨、钻研。阿尔温·托夫勒在《权利的转移》书中的话，"世界已经离开了暴力和金钱控制的时代，而未来世界的魔方将控制在拥有信息强权人的手里，他们会使用手中掌握的网络控制权、信息发布权，利用英语这种强大的文化语言优势，达到暴力金钱无法征服的目的"，以期引起民众对全球企业信息化、智能化带来的安全新域和经济变革趋势给予足够的重视与深思。信息已由间接生产资料的配角走向台前，特别是企业信息资源，对推进企业集团转型升级、社会转型运转会逐渐发挥出独特的作用。

随着"信息消费"的新兴产业喷涌而至，企业集团怎样打造自身产品竞争力、企业集团怎样利用企业信息资源去布局赢利、企业信息资源怎样规避众多的泄露渠道等，这些都使得公众的视野聚集在经济企业信息资源的内容及其价值体现上。正如一个人愿意吃到安全的食物，不仅希望食物的成分达标无害，更希望其所含的营养均衡、口感优质，甚至适合本人体质吸收。那么，面对社会转型中各个领域单位（或人）的需求，企业信息资源安全的内涵定位以及保障机制，已然成为要迫切研究解决的新问题。企业信息资源的安全，不能仅局限在其管控流程或者传播程序的"安全物流员"角色上，更要转向企业信息资源由其本身特性决定的涵盖生命周期全程的"企业信息安全效益"上来。

3.4.1 企业信息资源安全的范畴及分类

3.4.1.1 对企业信息资源安全的概念设定

在理论界，关于"信息资源安全"的概念尚未统一，专门针对该问题的研究也较为少见。其应指关于国家经济利益（宏观）、企业集团商业利得（中观）或者个人财产收益（微观）的资讯，包括文本、语言、程序代码、图案及行为语意等形式，在发布、传播、遴选、存储、交易和消灭的过程中保存完全、渠道独立和价值完整，并能促进受领单位或个人直接掌握信息后获得其时效性和增值性。

与"企业信息安全"定义的最大不同之处在于，企业信息资源安全总是透着利益交织体的明确特性，既要包括企业集团将企业信息资源作为"消费产品"的销售目的和效益心态，也体现了其他企业集团需求或者将企业信息资源作为"生产资料"的工具目的和效率心态。而后文的现状与保障管理模式的深入分析，就蕴含在企业信息资源安全概念的相关环节中。

3.4.1.2 对企业信息资源安全的分类阐述

因为社会转型带来了企业信息资源多元化的发展和需求，所以不同样式的企业信息资源安全在被选择和保障时，理应先按照不同标准下的分类开列，以促进实务工作人士对企业信息资源安全的深入了解。下面拟从两个角度加以介绍。

1. 从作用范围和受益对象区分

（1）针对国家产业保障类的企业信息资源安全

对于牵涉国家经济主权的事件信息，不仅影响到产业集群的生存发展和战略实施，同时往往与国家政权、国家公民权等交织伴行，所以这类企业信息资源产生规格高、传播渠道有限、承载价值量大，故成为企业信息资源安全中最为重要的领头部分，保障责任重。虽然一般企业集团及民众接触不到这类企业信息资源，但如果对其的安全工作不到位，受到最大伤害的就是广大普通企业集团和民众的产业环境或者市场秩序。应以刑事法律主导这类企业信息资源安全的保障体系，目前从"为境外窃取、刺探、收买、非法提供国家秘密、情报罪""间谍罪""投敌叛变罪"等危害国家安全类罪名，到国企参与国际市场竞争中产生的商业犯罪，都有着关于保护国家重大企业信息资源的相关规定。

（2）针对公共产品和民生服务类的企业信息资源安全

在当今企业信息资源化、全球化的时代，信息对国家和企业集团都具有十分重要的意义。同时，企业信息资源也开始渗透到社会运转和民众生活中，成为政府部门做好民生服务的新沟通媒介。

然而，在缺乏企业信息资源安全的约束机制下，企业信息资源很容易变成个别政府部门或人员的"寻租"手段。例如，2013年5月，浙江省台州市玉环县（2017年改为"玉环市"）一处不起眼的公园门面房出租招标，牵出28起、涉及52人、涉案金额10.86亿元的串标、围标连环案。纪检部门发现，当时由于该县招投标中心内部管理松散，一项工程招投标报名结束后，只要出钱，招标代理单位、业主都能拿到原本机密的报名名单。调查中发现，嫌疑人李某某不仅用参与工程投标的企业集团名单、标底等机密信息换取好处费，甚至参与拢标、买标。在这组连环"案中案"中，办案人员不仅揭开了招投标市场出现的种种权钱交易，还牵出一伙靠行业"潜规则"为生的"职业陪标人"。这类发生在招投标部门的案件，可以说是全国该系统的典型样式、层出不穷，令广大老百姓深受其害。应以行政法类法规主导这类企业信息资源安全的保障体系，做好政府内部保密管理工作，再以良好的公信力去引导、管理与社会民生息息相关的企业信息资源。

（3）针对企业集团利益类的企业信息资源安全

这是企业信息资源在中观层面对目前我国企业集团发展的最广泛的影响所在。不论是企业集团内部的战略导向，还是企业集团外部的品牌建立，都离不开企业信息资源安全所给予的"企业集团秘密管道"。再者，对于以"信息消费"产业为生的企业集团，企业信息资源更是其技术变革、产品创新的载体，那么企业信息资源安全水准如何就成了企业集团不可替代的核心竞争力。应以经济法类法规、商事法规主导这类企业信息资源安全的保障体系，以《中华人民共和国反不正当竞争法》和《中华人民共和国反垄断法》等相关规定为明显的表现形式。

（4）针对个人财产类的企业信息资源安全

最近官方媒体报道，手机木马中基于安卓平台的占比超过97%，资费消耗、隐私窃取以及恶意扣费成为手机恶意软件的三大主要危害。按此，每天习惯于手机刷微博、网上购物的民众，已经成为受到经济类信息侵害、遭受经济利益损失的高危人群。不难发现，数年前，上班族常常接收到垃圾邮件，不太牵涉收费栏目，是被动的；而今天，随着三星、苹果等智能手机的普及，泛滥的精准广告大多以短消息、微信的形式发到手机上，以及收费APP小游戏和网上银行的时尚流行，需要媒介持有人点击链接或者参与游戏活动，这样就主动地暴露了企业信息资源的安全隐患。应以民事法律（以隐私权保护、侵权责任等为要点）主导这类企业信息资源安全的保障体系。

2. 从呈现形式区分

（1）固化状态的企业信息资源之安全

根据实务，认为固化状态的企业信息资源是能够或者需要由物质媒介呈现，以计算机代码存盘、知识产权证书、商业秘密文件、要约文书、交易合同、专用系统邮件、受控流转文件等为常态载体，以及本身作为"信息消费"不同环节的产品结体。这在安全保障层面，其来源和受众可控，有一定的传播程序或环节，便于管理和保存。

（2）非固化状态的企业信息资源之安全

与前述相对应，非固化状态的企业信息资源则不需要或者不能由常态的物质媒介呈现，受众不特定，传播渠道不固定，难以管控和评价。其安全保障的工作程序不确定，投入成本高，但往往收效不明显。这类以"大众点评""陌陌"等 APP 软件和微博营销为代表，成为民众掌握企业信息资源的"意见输出口"，即时发表看法和展现已定事实状态，趋于良性。此外，也有直接或者间接地影响到企业信息资源的恶性事件，如普遍认知的垃圾信息、网络病毒、恶意程序、网络谣言等，这就是要加强企业信息资源安全的原因。

3.4.2 对企业信息资源安全的管控理论及趋势简析

企业信息资源发布和传播的安全，体现"信息高速"的效益回报；企业信息资源内容和管理的安全，体现"信息定位"的效益回报；企业信息资源交易的安全，体现"信息增值"的效益回报；企业信息资源生命周期的安全，正确对待"信息失效"的合理性，并给予新企业信息资源的空间回报等，是有推动远景的。对企业信息资源安全的认识或者评价，能逐步转向安全的"信息效益"本质上来，才能符合社会转型发展的特性。

1. 企业信息资源的"资源化"产生其安全基础的利益性

信息经济学和产权经济学都是现代西方经济学的主要分支，对"企业信息资源化"的产权基础理论也有了较为成熟的研究体系。在市场经济条件下，信息已被普遍看作一项资源，其应包括"硬件"（即信息本身的内容、文字或代码、资讯等不可分离部分）和"软件"（即信息存储、传播、对价等应用环节所依托的渠道、载体、评估方法等可分离部分）。而企业信息资源，更是对经济活动具有巨大的促进作用，成为现代经济发展不可或缺的一个链接元素。信息软、硬件上的各环节，都成为企业信息资源自身获利或者辅助外部营利的部分，以及产生安全性和对价性的内在需求。信息一般由语言、传递、物质载体、反馈和用户特定需要五大要素组成，而企业信息资源在此基础上又具备增值、预测、决策、管理等几项特定的功能特性。所以，政府对企业信息资源安全的重心或者政策，应该逐渐落在经济企业信息资源的价值安全因素上，顺应"信息消费"产业转型趋势，将信息"软、硬件"纳入不同产业环节的保障或管理中。

2. 企业信息资源的"战略化"产生其安全作用的紧要性

有调查显示，我国有 70% 的国有企业集团承认出现过泄密现象，而在私营企业集团中的情况更加严峻。因此，在"商机即战绩"的当今市场，建立企业信息资源安全的紧密性、迫切性，将其提高到战略地位是十分必要的。不少大型跨国公司都设置首席信息官（CTO）的高管职位，其权限仅次于首席执行官（CEO），并且设立了发展规划部、市场行情分析中心、市场战略部等相关配套部门。

再者，建立企业集团品牌，其最主要的就是民众、供应商对企业集团的知名度、美誉度和认知度，这些都要与企业信息资源紧密结合。例如广药集团与加多宝集团在"王老吉凉茶"的名称、商标、广告语、产品装潢设计等归属权上，斗争得趋于白热化，全国消费者都很关注，但是每一次加多宝都能够抢占先机，将每一阶段的焦点化作利于自身的企业信息资源（广告语、报刊说明、传承人发布会证明等），反而越来越畅销，让消费者从多角度接受了其品牌营销策略。从这个层面看，有效保障企业信息资源安全，并且运用好，也是化解危机公关事件的重要武器。

3. 企业信息资源的"海量化"产生其安全体系的难度性

近年来随着移动互联网、大数据、云计算、物联网的加速发展，我国企业信息资源跨越的领域及其数量也呈几何倍数增长。据国家工信部统计，手机网民规模已超过 7 亿。即时通信类网络应用仍然保持高速发展的态势，休闲娱乐类应用稳步增长，社交应用发展迅猛。移动支付、位置服务等基于移动互联网、物联网、云计算的新应用、新产业、新服务正在不断涌现，互联网所输送的企业信息资源已经深入人们生活的方方面面，正在全方面满足消费者的需求。

这让企业信息资源的数量每时每刻都在呈现"海量化"的态势，加大了企业集团在运营中的甄选难度。对信息的数量取舍、信息的估值判断，或者是企业信息资源安全的时空连续程序，提出很大的技术要求。如何将企业信息资源的传递、告知、保存的辅助功能，与其增值、授权、继承的交易参与性运营功能有机结合起来，这将是留给后来的信息产业新锐的问题。

3.4.3　企业信息资源的法制保障现状及管控难点

我国企业信息资源安全保护在近些年已经取得了巨大的进步和成就。但是由于技术的不成熟，相关制度建设的不健全，尚存在诸多问题和漏洞，现状并不乐观。国内对企业信息资源安全的法律保护始于 20 世纪 90 年代。1997 年《中华人民共和国刑法》首次界定了计算机犯罪，主要条款集中在第二百八十五条、第二百八十六条和第二百八十七条，规定了非法侵入计算机信息系统罪、破坏计算机信息系统罪和利用计算机实施金融犯罪等。1998 年《中华人民共和国合同法》增加了关于网络电子合同的规范内容。值得注意的是，

2005 年实施的《中华人民共和国电子签名法》标志着我国首部"真正意义上的信息化法律"的诞生。此外，我国还有一些对企业信息资源安全进行保护和规制的行政法规，例如《中华人民共和国计算机信息系统安全保护条例》《商用密码管理条例》《中华人民共和国电信条例》《互联网信息服务管理办法》《中华人民共和国计算机信息网络国际联网管理暂行规定》等。同时，国务院网信办、工信部、公安部等部门也出台相应的企业信息资源安全规章制度，一些省、市、地方政府也会颁布相应的地方性法规，迈出了可喜的一步。此外，国资委 2010 年 3 月出台《中央企业商业秘密保护暂行规定》，这是中国第一部关于商业秘密保护的部门规章。国资委有关负责人表示，该文件为中央企业集团商业秘密保护提供了重要法律依据，将极大地推动中央企业集团加强商业秘密保护工作，确保企业集团核心经营信息和技术信息的安全，为国有资产保值、增值发挥重要保障作用。

3.4.3.1 政府和产业管理的现状

因为没有高级别的法律约束，政府部门管理往往出现对"管理真空地带"的不作为，而对有明显经济利益的信息事件进行"多头管理"，降低了行政管理的效率和力度。在欠缺政府部门明确的法律管理下，除部分企业集团，大多数中小型民营企业集团对企业信息资源安全的保障意识以及管理，抱着"亡羊补牢""有心无力""拿来主义""守株待兔"等心态，往往企业集团负责人不重视，岗位人员不专业，导致企业集团长期处于企业信息资源的临危状态或者信息价值的损耗状态。

3.4.3.2 对企业信息资源法制保障不足的分析

企业信息资源安全的本质是一种可以预见的利益期待，应该是法律对之提供保护、规范和引导的价值所在。法律保障企业信息资源安全，就是要维护企业信息资源的保密性和可控性。但是，从我国目前的立法来看，尚存在较多的安全保护的漏洞和缺失。

首先，立法上我国缺乏系统、完整的法律保护体系。绝大多数法律规范集中在部门规章和地方性法规和规章，法律效力层级较低，适用范围有限，不能作为法院裁判的依据，尤其是地方性法规具有较强的地域性，效力范围仅限于本地区，直接影响了这些措施的效果。法律体系的混乱势必造成资源的浪费，同时缺乏上位法的整体规制，缺乏各部门规章的合理分工，以至于对某些企业信息资源安全的违法行为出现难以规制或者重复规制的法律漏洞。

其次，从保护内容上看，我国对企业信息资源的保密规定不够细致。例如，现行《中华人民共和国保守国家秘密法》对于国家秘密的范围以及分级保护有相关规定，但内容针对传统的国家安全，至于其他信息资源安全仅有"国民经济和社会发展中的秘密事项"的原则性规定，对经济秘密的划定、保密范围和措施等缺乏相应条款，对于跨国公司或者境外利益集团等窃取我国经济政策、产业关键数据等行为也缺乏法律上的界定，以至于要追究法律责任却没有相应法律条款可适用的情况屡屡发生。因此，由于现行法律法规对企业信息资源的保密程度和范围并没有一个较为清晰和可预见的定义，导致企业信息资源的保密性处于不稳定的状态。

再次，我国法律对企业信息资源安全的保护规定不够全面。企业信息资源的安全包括信息的生成安全、存储安全和传播安全，其中牵涉到很多技术上的安全保障措施。但是，就目前的法律法规而言，对企业信息资源生成安全的保护力度还有所欠缺。

最后，我国企业信息资源安全方面的法律法规结构与国际并没有接轨。企业信息资源安全问题已经伴随着全球经济一体化的进程而成了一个世界性的问题，如果不及时制定相关的配套规范，将会阻碍我国企业信息资源安全保护的顺利进行。例如，目前我国一些监管方式并不符合欧美法规或者国际商事规则，很容易在国际上引起争议。

3.4.4 对企业信息资源的安全控制及管理建议

3.4.4.1 修订相关法律，增加关于企业信息资源安全保护的专门条款

对企业信息资源的保密性应提供较为明确的保护界定范围，从而强化保密意识，包括商业秘密、技术秘密、著作权和相关知识产权等，在相应的《中华人民共和国反不正当竞争法》《中华人民共和国技术合同法》《中华人民共和国著作权法》等法律规范中采取列举的方式指出明确的保护范围。此外，针对涉及国家的企业信息资源安全，应在《中华人民共和国国家安全法》《中华人民共和国保守国家秘密法》和银行的相关法律法规中做出同样的规定。同时，明确违法行为的法律责任，体现法律的可预见性。

此外，要从刑法上加强对企业信息资源安全犯罪的打击力度。计算机和网络的快速发展，已经严重威胁企业信息资源安全。最高人民法院、最高人民检察院等先后颁布了《关于办理危害计算机信息系统安全刑事案件应用法律若干问题的解释》（2011年）、《关于办理网络犯罪案件适用刑事诉讼程序若干问题的意见》（2015年）等司法解释，属于互联网犯罪"沾边就管"的全链维权体系。但针对窃取计算机信息系统中不属于商业秘密或国家秘密但是具有重大价值，尤其是经济价值的数据和资料也应当被规制和惩罚。诚如"只有使犯罪和刑罚衔接紧凑，才能指望相连的刑罚要领使那些粗俗的头脑从诱惑他们的、有利可图的犯罪图景中立即猛醒过来"。同时，严格落实刑事诉讼法及其最高院司法解释中关于计算机犯罪的规定，包括计算机系统所在地、信息程序接收地等在内全部纳入，表明刑事法律对这类信息犯罪的打击力度和广度。

在企业信息资源安全的法律保障上，加强国内立法保护是一方面，同时应该与国际立法相衔接。因为在经济全球化的今天，企业信息资源的传播早已经超越了国界限制，如跨国窃取商业秘密、国外间谍、商业贿赂的事件屡有发生。此类事件已经严重影响国内企业集团甚至整个国家的企业信息资源安全。如何对这些现象进行法律规制，而采取法律制裁极有可能适用国外相关法律。为了更好地维护我国个人、企业集团和国家利益，吸收借鉴国际先进的企业信息资源安全法律保障的经验也是今后的发展趋势。

目前，国际组织就企业信息资源安全已经制定了一些国际公约，而且世界发达国家也已制定较为系统的企业信息资源安全法律法规。我国在制定法律规则时，应当充分考虑与现有的国际规则的兼容并包，包括在立法思想、方式方法和具体法律规定等各个方面，积极主动地参与国际规则的创设，以维护我国的实际利益。

3.4.4.2 对企业信息资源的管控工作制定评估指标体系和预警机制

采取政府统一监管、控制模式、行业协会自治互控模式、企业信息资源以商业秘密保护为基础的产权市场交易模式、企业信息资源安全的风险评估预警机制等。同时，参考国际集团在战略层面设立的"首席信息官"（CIO）的成功经验，政府部门或者国内大中型企业也可以考虑培育一些有影响力与口碑的社会企业集团和第三方机构。为营造安全、生态的企业信息资源产业链，可以研究建立企业信息资源评估等级指标体系，或者政府指导发布本行业的企业信息资源工作指南。

3.4.4.3 发挥行业协会积极作用，力主克服行业内"企业信息资源不安全"难题

由于企业信息资源具有较强的技术性，因此在其安全管理的技术创新上也应当有较高的要求。首先要自主研发网络安全防卫技术，如各种加密软件、身份认证体系防火墙技术等。其次是开发自主、安全的电脑芯片和操作系统。可由行业协会牵头，强化对企业信息资源安全的技术管理和创新。其关键在于对企业信息资源的外部侵权和内部损耗的关注，即克服"企业信息资源不安全"难题。

研究企业信息资源安全管控，不能规避信息的外部侵权和内部损耗这两方面事件的存在，更应明确"不安全"的表现及后果，才能使得安全性的研究愈加有意义与有目标。这项工作建议由行业协会或者行业内龙头企业集团以身作则，使其充分意识到企业信息资源安全对全行业生命力的战略影响，既要领衔做好企业信息资源安全的保障工作，也要力主改善"企业信息资源不安全"现象带来的行业不良氛围。

1. 防止出现"企业信息资源失控"现象

企业信息资源本身具有虚拟化和广泛化的传播特质，所以在企业信息安全上，往往很难对信息本身进行保障，而大多针对其载体或者渠道。竞争对手或者民众获得信息的途径和技术手段较多，甚至载体自身的破损等，都容易引起企业信息资源的迅速传播，增加安全维权成本。

2. 防止出现"企业信息资源失真"现象

假冒信息或者使用淘汰信息，会导致企业真实信息资源或者市场利益受损，产生"劣币驱逐良币"的不良后果。例如上市公司公布虚假信息损害了广大股民和中小股东的合法

利益，而企业集团捏造不实信息污蔑竞争对手就丧失了品牌的美誉度以及对消费者的忠诚度。这在反不正当竞争法和公司法中，我国给予了较明确的规定和对信息受众的保护。并且，企业信息资源失真不是单一呈现的，很多领域交织在一起，所以往往造成较严重的后果。

3. 防止出现"企业信息资源失灵"现象

不论是出现"市场失灵"，还是出现"政府失灵"，都少不了众多企业信息资源的身影。企业信息资源也可能存在失灵、变异现象，而"企业信息资源失灵"往往是引发重大事件的前提或者重要诱因。例如，日本地震引起核电站的大量辐射外泄，一时兴起"漂洋过海到门口、家家买盐抗辐射"的信息群，防辐射产品脱销，就连盐这类无关产品也出现万人抢购的盛况，而政府的信息公布显得苍白无力。

4. 防止出现"企业信息资源失衡"现象

信息不完全、信息不对称和信息过剩三种普遍经济现象，构成了"企业信息资源失衡"。这点不仅体现在企业信息资源自身的物理安全上，更在于影响了其自身或者对方的利益，而造成企业信息资源的价值安全之非预期的变位或者非理想的幅度倾斜。"失衡"不仅由信息和市场的利益预期引导，还由后果承担不客观、不平衡而增加了信息发布方或受益方的抗罚"免疫"所致。

3.4.4.4 企业信息资源安全管理体系的转型

1. 以生产或者消费企业信息资源为主要载体的企业集团

软件网络类、计算机硬件类、金融投资资讯类、行纪、居间、代理、公关类、新闻媒体类等，这几类企业集团都是直接以企业信息资源为主要生产资料或者产品载体，即处在"信息消费"新产业的中坚力量位置。一方面要加大技术创新投入，生产技术含量高或者附加值高的企业信息资源产品，保持自身在行业内的位置；另一方面，要将"企业信息资源化"的产权思路充分发挥，争取在"固化状态的企业信息资源"形式以及运用机理上，有所突破。

2. 以企业信息资源为生产辅助资料的其他企业集团

这一类是间接从企业信息资源本身获利的企业集团，加强对涉密相关人员的监管力度。参照专利管理办法，建立与完善企业集团的情报防火墙。相关部门以及协会对企业集团高层应加强保密教育，落实保密制度，科学规范定密，确定涉密人员。同时，应将商业秘密专有技术开发合同、保密协议、竞业禁止协议、侵权调查、尽职调查等统一纳入企业集团的企业信息资源安全保障体系中，施行总公司垂直管理，对子（分）公司、事业部内核心信息载体（或成员）进行直线性管控。此外，对关系国计民生的重点国有企业集团实行国有资产保值增值与经济安全保密双责任制监督考核和奖惩任免等措施；而民营企业集团，也可以设置专人专岗，尝试推行安全保障体系的效益增长和问责制度。

专题四　企业集团财务管理体制及其模式设计

4.1　企业集团财务管理体制概述

4.1.1　企业集团财务管理体制的定义

财务管理体制是指财务关系以及由此引发的对权力的要求及责任的界定，表现为企业财务活动中的各种制度和程序。对于企业集团，财务管理体制不仅包括集团母公司的财务管理体制，也包括集团公司与成员企业以及各成员企业之间的财务管理体制。因此，企业集团财务体制是在特定的经济环境下处理集团公司与成员企业以及成员企业之间财务行为和财务关系的制度和程序。企业集团需要有一定的制度和程序来规范集团内的各项财务活动，决定各项财务事项的决策者和执行者，以及各项财务事项决策者和执行者进行决策和执行的具体步骤，这样才能保证企业财务活动有目的、有计划地执行。

理解企业集团财务管理体制这一概念应把握以下几点。

①企业集团财务体制是一系列的制度安排。企业集团财务管理体制是管理企业集团财务活动的制度，包含一系列的制度和程序，约束企业集团财务活动参与者的行为，明确各个参与者的权利、职责和分工。通过这一系列的制度安排，实现企业集团对集团公司与成员企业以及成员企业之间财务行为和财务关系的有效管理。

②企业集团财务体制涵盖集团内部各个财务管理层级，而不局限于集团总部。与单个企业财务管理体制相比，企业集团的财务体制更为复杂。企业集团财务管理体制不仅需要制定集团公司的财务管理体制，还需要制定管理集团公司与成员企业以及成员企业之间的财务行为和财务关系的财务管理体制。而关于集团公司与成员企业以及成员企业之间的财务行为和财务关系的财务管理体制是企业集团财务体制不可分割的部分。

③企业集团财务体制的核心问题是财务权限的分割，以及与此相对应的责任划分和利益分配。其中以分配母公司与子公司之间的财权为主要内容。财权体现为各个管理层对财

务活动的决策权和控制权，因此，财务权限的分割是决策权和控制权的划分问题。在企业集团中，集团所有者、经营者、财务人员都参与集团的财务活动，但每个参与者所扮演的角色不同，所拥有的职权和责任也不同。如何划分母、子公司之间的财务权限及其对应的责任和利益，如何划分每个财务活动参与者的职权和责任，如何将每项财务活动的决策权和执行权在各个管理层之间进行合理分配，使集团的财务活动能够顺利进行、实现高效率工作，是财务管理体制的重要任务。

4.1.2 企业集团财务管理体制的内容

企业集团财务管理体制的主要内容包括：基本的集权分权模式、财务组织制度、财务决策制度和财务控制制度。

1. 基本的集权分权模式

依据集团总部财权集中程度可将企业集团财务管理体制分为三类：集权型、分权型和折中型。选择哪种类型的财务管理体制，会影响企业集团整体的财务活动。财务管理体制确定财务管理权限的划分。三种类型的财务管理体制所对应的集团公司与成员公司之间的权责和分工不同，财务管理权限也不同。集团企业对财务管理体制的选择，从体制上来看，关系着组织结构的设置与权责利的明确；从管理战略上来看，关系着集团总部对成员企业积极性的判断与专业分工和团队协作机制的塑造。

上述三种类型的财务管理体制，将在本专题 4.2 节进行详细介绍。

2. 财务组织制度

企业集团财务组织制度是指企业集团组织财务活动的基本规范，它明确了集团各层级财务管理组织机构的分工与协作关系，规定了各层级财务机构及其人员的职权和职责。财务组织制度需要解决以下基本问题：一是财务管理组织机构的设置；二是各层级财务组织机构的职责定位；三是财务管理组织机构人员的配置。

企业集团财务组织制度是企业集团实行财务控制的组织保障。企业集团由多级独立法人组成，完善的财务组织制度有利于提高集团的财务决策能力、财务管控能力和财务执行能力，从而提高集团整合资源的能力，提高集团整体价值。

3. 财务决策制度

企业集团财务决策制度是企业集团用于明确财务决策的规则和程序，界定财务权限和责任的制度，包括企业集团投资决策制度、筹资决策制度、利润分配决策制度等。财务决策权历来是企业集团各方面所关注的首要问题，因为它直接关系着各成员企业的切身利益，是整个财务管理体制的核心。因此，如何划分并界定集团内各层级财务管理组织的财务决策权限，是研究财务决策制度的基本点。

4.财务控制制度

财务控制制度是集团总部基于集团发展战略与管理目标，规范、监控与督导各方面、各利益主体、各层级财务管理组织的理财行为，为实现财务资源配置的秩序性与高效率性而建立的财务控制的制度体系，包括股权管理制度、投资管理制度、筹资管理制度、现金流量管理制度、预算管理制度、财务信息报告制度、绩效考核与薪酬管理制度、财务人员委派制度等。

企业集团财务控制实质上是对参与集团财务活动的各层财务机构、财务人员的行为进行控制，以期达到协调各方利益和目标、保证实现集团整体利益和目标的目的。财务控制制度通过集团的制度体系控制和约束子公司的财务行为，降低子公司财务活动参与人员的逆向选择风险。

4.1.3 企业集团财务管理体制与战略、组织之间的关系

企业集团成员企业的行为不仅影响本企业，也会影响其他企业。要使集团成员的共同活动成为可能，并为参与活动的各方带来满足，就需要有约束和调整各方行为方式和关系的规则，这就是企业集团管理制度。企业集团管理制度是整合企业集团战略、组织与人力资源的纽带，对企业集团而言具有重要的意义。

企业集团管理制度是一个由许多子系统构成的多层次的系统。

第一个层次的制度是战略管理制度。战略问题极其复杂，涉及多方面的知识、信息和资源，需要众多人员的参与和努力。协调、集中众多参与战略活动的人员和部门的力量，提高战略管理的效率，制定富有创造性的、积极适应环境变化的战略，有必要根据战略活动的内在规律性，形成一系列有关战略管理活动的规范，对企业战略职能的活动内容、原则、基本过程、步骤与方法以及所涉及单位、部门、人员的职责分工与合作关系等予以明确，这就是战略管理制度。

第二个层次的制度是组织管理制度。战略必须通过组织机构去贯彻实施，如果没有适应战略要求的有效的组织机构作为支撑，企业集团的任何战略都不可能得到有效的实施。公司必须根据战略的要求调整原有的组织结构，更新职能的划分并进行有机组合，设定组织的职责权限系统，建立新的沟通渠道，明确组织内各部门、各层次间的关系以及协调方式等，这些形成企业集团管理中组织行为的规范，即企业集团的组织管理制度。

第三个层次的制度是经营业务职能制度。企业集团的战略与经营目标归根到底要通过各种具体业务活动来实现。企业经营业务职能可概括为市场营销、生产制造、研究开发、人事、财务五大职能。企业集团管理层通过对这五项职能领域活动的计划、组织、指挥与控制，并把它们有机地组合起来，就可以把握日常经营的全局，保证战略的有效实施和经营目标的实现。各职能领域的计划、组织、指挥、控制等管理活动，同样有其特定的内容、

原则、程序和方法，将职能领域的管理行为规范化，形成日常经营管理制度，这就是企业集团经营业务职能制度。

企业集团财务管理体制属于企业集团经营业务职能制度，是企业集团制度第三个层次的制度。经营业务职能制度是一个对外部环境变化以及内部各个子系统的变化做出反应的动态平衡系统。这个系统的优劣和整体效能的高低，取决于它与外部环境的协调以及它自身的一体化的程度，系统中每一项制度的优劣及效能的高低，不仅仅取决于它自身的特点，还取决于它与整个制度体系的有机协调。因此，财务管理体制需要与市场营销、生产制造、研究开发、人事四大职能制度相配合、相协调，共同促进一体化系统的形成。例如，筹资制度与投资制度必须与生产、营销和科研开发制度相协调；人员的考核评价必须与人员的选拔、提升、培训以及工资报酬相结合，而工资报酬制度必须与组织对人力资源的要求及激励、开发的其他制度相适应。

4.1.4 企业集团"廉效"机制对职业经理人资源的管控

可以说，组织是实施管理的载体，组织制度设计的好坏直接影响管理的实施。组织确定后，需要"人"切实地去将企业集团的目标变为现实，人力资源是支持企业集团达成战略目标的条件和资源保障。人与人的合作产生了团队工作。在团队工作中，每个人的想法（动机）、行为都不同，因此需要一系列的管理制度加以规范，使所有成员朝着一个战略目标前进。企业集团财务管理体制正是通过财务制度，与市场营销、生产制造、研究开发、人事四大职能制度协调一致，形成一体化的企业集团经营业务职能制度，整合战略、组织和人力资源等要素。随着战略的调整，调整组织、人力资源，促进企业集团的发展。而实施集团财务管理体制，离不开处在企业枢纽位置的职业经理人群体。

从"科技是第一生产力"到"人才是企业第一生产力"的嬗变说明，人才已然成为现代企业生存、壮大的各项元素的综合载体，其中职业经理人作为企业人力资源的核心内容，愈发显得重要。在这个过程中，企业作为"人"群结合体的社会单位，自诞生起就肩负着追逐效益（利润）最大化的终极使命；同样，每个人都有自己的欲望，不会因为企业的兴亡而停止逐欲、克制发展。因此，职业经理人会将自我需求与企业发展目标结合起来，使其共同发展，实现双赢。

4.1.4.1 企业集团施行"廉效"机制的难点分析

人、企价值实现或协调得通畅，则企业运营和谐；若不通畅，或者仅仅压制单一方面的需求，则企业运营存在瑕疵，乃至伤病趋亡。目前社会苛责职业经理人较多缺乏所谓职业道德或者忠诚感的同时，是否也应该审视我国现行的企业管理模式对人才、高管的资源化的实质认识仍是简单的、肤浅的、短视的？

"大禹治水"古老智慧中"堵"与"疏"的策略运用，给予了企业老板一个重要的启示。浙江省是经济大省，也是民营经济发达与职业经理人群体踊跃的集中地。仅仅呼吁"廉洁"意识、建立"廉治"考核指标，只能让我们看到企业单方面的意志或者需求。从阿里巴巴公司2011年前总裁卫哲辞职和2012年对"聚划算"部门整治的案例中得知，"廉"本身没有错，但是依据企业与职业经理人的共同逐利使命，应当要建立"廉效"的新观念、新体系，才能协调职业经理人为企业去"廉"和为此产生"效"之间的本质期望。因廉而效，为效而廉，不正是职业经理人作为企业资源的人本特性之一吗？

现代西方经济学认为生产要素包括劳动力、土地、资本、企业家才能四种。这些生产要素进行市场交换，形成各种各样的生产要素价格及其体系。社会根据生产某种产品时所投入的各种生产要素的比例和贡献对投入主体进行的报酬返还，也就是我们常说的合理的"按生产要素分配"，而分配的额度、分配的合理性、分配的主动权，自是引发人、企产生矛盾的原因。

1. 防患于未然的"廉效"管理新观念

依据上述理论得知，如"资源""资产""生产力""生产要素"，无论我们给予中高端企业人才（职业经理人系）冠以怎样的定位或者称呼，不可否认的是，企业老板大多只关注职业经理人给予企业倾注的单向的效益力量，却轻视或者放任其自身"要素"的边际效益的扩大。"人情"无价，"人体"按法不能论价，那么职业经理人本身具有的价值元素（名誉、知识、才华、创意、信息、经验、学历含金量、家庭影响力、人脉关系……），就像复杂的网络或者路标罩在自我的发展路线上，多头选择，多项生益，也多生欲望和贪果。职业经理人始终痛苦于自身边际效益的扩张大过（或快过）在企业职岗上获得的固定效益，而在目前国内的传统企业管理文化中又难以得到正常的疏解或者释放。

这也是"企业家才能"不同于劳动力、土地、资本三项物质要素的根本所在。是企业老板忽略了职业经理人资源的人本性？还是很多老板尚未认识到职业经理人资源的人本性？在企业老板的管理意识中纠结的是，长期治廉的边际成本与短期耗尽职业经理人能量的边际效益之间的权衡。

预防监控型、"亡羊补牢"型与"事后杀无赦"型，是目前企业老板采取的主要方法。企业老板付出的"边际成本"以及心血精力，大大占据着企业的运营成本，也对老板的胸怀与素质提出了更专业或者更高的要求。

2. 克服人力资源外部效应的"廉效"管理新体系

考核标准难、考核执行难、考核理念贯彻难、考核回报难等，应是目前国内企业各项考核工作"瓶颈"中的共性方面。前三者仅指向实施的成本，而后者才是企业考核的本质所在（企业的任何行为都应具有效益性倾向）。以岗位渎职的不作为现象为例，假设某甲每天上班迟到受罚，一个月工资中会扣除4000元，但是每晚甲可以利用自己的专业知识（甚至企业物质资源）"接私活"，而早上睡懒觉，可赚取30000元。在这里，甲放弃30000

元私活收入，就是保住 4000 元被罚工资收入的机会成本。对于有着逐利性的职业经理人来说，由自身获取 30000 元增值收益是其理性行为的表现，越高越好的边际收益将会导致甲产生越发明显的依靠不廉事务来获利的行为倾向。况且，所在企业也没有建立有效的廉效机制去约束或者引导甲。

上述案例中，甲渎职的（不作为型的）不廉行为已经很难处理，那么如贪污、受贿、挪用、侵占、无权代理、强索不当回扣、决策性浪费、股权恶性收购等（作为型的）不廉行为，将会造成更大损害，给企业老板带来更大的考核难题，也会引起更具破坏性的"正的外部性"问题。

所以，不是赞同"考核无用论"，而是必须要考核，要细致、贯穿职业经理人在企业生涯的始终；不是赞同更严、更难的"考核形式论"，而是要考核得更准、更有效益化。不论是职业经理人"廉"而无效，还是企业考廉不生效，都表明企业所用体系及指标不能克服正、负外部效应（对于企业和职业经理人两者都不是有效渠道的显现）。

研究并构建"廉效"管理体系的理论诉求，便是要尽力使前文中阐述的职业经理人的各价值元素增值的平均边际效益与企业对应防治付出的边际成本处于同一前进方向，并致力设置适宜的边际效益大于边际成本的发展趋势。那么，"廉效"体系及其指标的分布、定义、权重、稽核等，就依照边际效益的各推导元素的特性以及增值规律（与其本企业产业的相关性大小）逐渐完善落实。

4.1.4.2 企业集团施行的"廉效"机制设计

筑巢引凤，首先要明确，之所以有"凤巢"的存在，是因为"凤"自身作为重要资源参与后的筑就。大多数的国家在公司法中都规定了企业高管忠实、勤勉的义务，也规定了公司章程对于公司内部来说相当于"一部小宪章"。文化建设、制度健全、使命感战略，无疑是建立企业"廉效"管理体系的源泉和思想基础。

"廉效"体系操作的细节，不是一两篇研究文稿可以介绍周详，也不是一两家集团公司可以完全呈现的，但可以通过下列方式进行摸索与创新。

1. "廉治体检"与"廉效档案"

参考目前政府对官员调任或者退位时的廉政"离任审计"，大中型企业也可安排独立的企业廉效考核委员会或者专业的第三方机构小组（律师、会计师、公关公司、评估师、心理咨询师等），对职业经理人建立"廉治体检"机制，根据事由、主客观表现及其家庭负担比重，对职业经理人分为告知、警告、调查、惩戒、开除、司法协助等不同方式，既要对"已发生不廉行为"进行及时遏制（费用从其年度绩效奖金中扣除），更要让职业经理人认知到一些"未发生不廉倾向"的可能性及危险性，并在"廉治体检"专家小组的咨询和帮助下改进或者疏导（费用由企业专项人力资源发展资金承担）。这样可将"不廉"的风险性大大降低，提高防治成功率，也让"效"的制约因素时时切入到职业经理人对"廉"与"不廉"的行为权衡中。

同时，可依照"廉治体检"记录，建立该职业经理人在本企业的"廉效档案"，分为内部流通文件型与载入人身档案型两种，依需要选择使用的方式及力度。

2. 独立的廉效考核权限与创新性的廉效指标

一方面，企业高层对职业经理人的廉效考核工作应有放权、授权的转变，也可积极支持所属部门或子、分公司与每位职业经理人在合作协议或者项目委托开发协议上商议、确认针对本人的廉效示警线率值的区间，如下所示：

最低廉效示警线率值=个人职业发展目标期望值 ÷ 企业的上年度业绩值

最高廉效示警线率值=个人职业发展目标实现值 ÷ 部门的上年度业绩值

另一方面，对于廉效指标的设计不能千篇一律，一些跨国公司的"尽职调查"给我们提供了不错的范本。例如，世界制造业巨擘德国博世公司，无论是在集团内部管理，还是与集团外企业的并购、合作中，都会认真、全面履行"尽职调查"程序，并且会给尽职调查资料清单设计相应部门特色的不同级别指标，不拘泥于表述规制。不同行业、不同企业组织管理方式下，完善、研究、推广廉政体检的指标体系是一项长期的工作，一蹴而就的"指标系"一般不实用，或者在内耗中造成企业边际成本的递升，却不能发现或者遏制职业经理人相关价值元素变化的边际效益。

3. 上市公司年报中人力资源披露角度的转变

对于高级人才的流动，其在圈内的名誉或者影响力，是极为重要的商价筹码。如果可以得到证监会以及行业协会的支持或协调，可以逐渐在上市公司年报中对公司（股东、董事、监事、高管等）人才部分，从传统的"人事工作"型披露转向人力资源增值型披露。即不仅仅着眼于对职业经理人的教育工作经历、聘任解聘、岗位调动等事务型信息，同时将"廉效"考核成果状态和其对项目业绩贡献度等软性指标体现在年报上。这样不但让投资商、公司老板 目了然某位职业经理人的来龙去脉以及其在该企业的适配程度，也使得广大股民在购买股票时，能够看清、理智展望该企业团队能力，以及因为该经理人的加盟、离职而带来的企业风险预估。如果某职业经理人实施过（作为型的）不廉行为，经披露后就会严重影响其自身的商业价值，甚至导致其在同区或者同行企业间的跳槽受拒，使得其做"不廉"行为的边际成本陡然增到最高值。

4. 总经理职岗廉效奖励基金——"分级等额、风险启动"

建立廉效管理机制这一创新考核体系，与绩效考核体系的最大不同在于前者主张"廉"导向、"效"伴生，而后者是依据唯一的业绩导向性，两者相辅，并行最佳。因此，廉效管理机制在一定程度上可以弥补事务部门与业务部门在贡献相同却业绩奖励不同上的分歧。"廉"的横向、纵向标准对全体员工都是公开、公正、公平的，而"效"一定会根据不同职业经理人的定位定岗来体现差别。

为此，设置企业总经理职岗廉效奖励基金，纵向分级、横向等额，这样使得达到"廉"

标准的同级人才,就可以获得相同奖励,不与业绩直接挂钩。同时,这部分考核产生的"效",可以在年终纳入绩效考核结果中,累加奖励;或者,单独将这部分"效"对应的奖励,作为该经理人在下年度自己申请开发新技术、新项目或开拓新区域、新市场时企业给予的风险起动资金(可累计跨年)。

4.1.5　有效管控职工收入渠道创造"才＋材＋财"收入环境

目前企业集团的员工收入管控体系已与十年前很不一样,最主要特点是工资性收入支撑作用弱化。工资性收入是集团员工增收的主要来源,而 2018 年上半年平均 6% 的增速为近年低点,对员工增收支撑作用有所弱化。此外,经济下行压力仍然存在,也在一定程度上影响员工就业和收入水平,制约工资性收入增长。央行降准和净投放超过 5000 亿元资金的利好政策,极大促进了大多企业集团的经营活力和就业增岗;再加上农村土地制度改革和"乡村振兴战略"全面推广,沿海城乡人均收入实现了普遍小幅回升,员工对城市经济质量和企业集团是充满信心的。其中,还需要注意以下几个方面。

其一,减少城乡背景的员工在"收入成分"上的差距,避免产生两者的收入矛盾。收入额的幅度并不能真正体现城乡员工就业收益差异中的经济含义。目前,市区员工和以职场白领、外来务工群体为主的"新城市人",还是以工资性收入为主,财产性收入为辅;而市郊员工、乡村员工,大多以财产性收入为主(房租、农村土地红利等),工资性收入为辅。同时,不少无房类职业者工资性收入中的大比重转化成了第三方的财产性收入。这样长久下来,基于不均衡的劳动付出和劳动时间,会引起职业人群的"收入回旋陷阱",影响"新城市人"在本地落户创业的积极性,从而限制更大层面的消费和就业红利。企业集团的薪酬管理委员会以及政府部门应积极落实针对性补贴、城乡收入分配、纳税名目、关注优势或者潜优职业薪酬畸高等有效举措,并创新思路,引导和鼓励各层次员工在知识产权各领域善于获得轻型"财产性收入",减少城乡这一差距与隐患,树立准确的职业收益观,凸显"才＋材＋财"的软环境优势。

其二,加快研究员工"非常规性收入"规范化管理和技术手段,充分培育新兴业态收入增长形势,规避新风险。目前,很多中青年员工因为家庭生活压力或者个人兴趣使然,选择了多个身份进行工作营利,表现为收入渠道多元化工作时间灵活化和通过支付宝、微信等的非货币化收入等形式。此外,还要注意到很多收取网络礼物的直播者、夜摊临时表演者等自由职业者或者临时兼职者。这些符合沿海城市民营经济发达趋势,随着"90 后""00 后"的成长,人数越来越多,分量越来越重,但是也带来了居民收入统计、纠纷维权、纳税保障、家庭财产认定、合法变现、合规交易等较多的新问题,亟待重视与解决。

其三,2018 年下半年,个税法案修订公开征求意见结束,即将迎来新的个税规定。因此,各企业集团在制定薪酬战略计划、调整员工收入时,应做考量,采取相应措施,提高员工收入水平。

4.2 企业集团财务管理体制模式设计

4.2.1 企业集团财务管理体制模式分析

4.2.1.1 集权与分权的内涵

按照集团总部财务权力集中程度，企业集团财务管理体制分为三种类型：集权型、分权型和折中型。其中，集权型是指在企业集团财务管理中，大部分权力归集团总部；分权型是指子公司大部分财务管理事项由子公司自己负责；折中型是处于集权和分权两者之间。如图 4-1 所示。

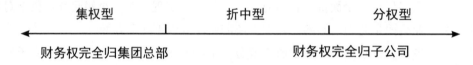

图 4-1 企业集团财务管理体制的基本模式

一般而言，企业集团中的"权"是指生产权、经营权、财务权、财务信息权和人事权。其中，根据财务目标产生的不同层次和角度，财务权又可以分为财务决策权、财务资源调配权、财务资源使用权和财务监控权。

财务决策权是指对各项财务活动和财务交易所具有的决定权，这是宏观上企业集团管理者财务权的最高层次。从广义上看，它包括了其他的财务权。财务决策权可以分解为财务战略决策权和财务运作决策权，其主要内容包括投资决策权、筹资决策权、资产处置权、资本运营权、成本费用管理权、财务收益分配权、担保管理权、审计监督权、会计政策决定权、财务领导任免权、绩效考核权、薪酬福利分配权等。

财务资源调配权是指根据项目运营情况和企业生产情况调动财务资源的权力，是从财务决策权中分化出来的权力。这种权力依据生产特点和项目性质分布，依据职务等级分配，如预算审批权、流动资金调配权等。

财务资源使用权是最低一级的财务权力，是财务资源调配权行使后的体现，也是保证财务资源真正发挥作用的权力，如购买办公用品、支付工资等。

财务监控权是对其他几个层次的财务权力的分配过程和行使过程进行监督和控制的权力。在较低层面上，财务监控权是财务决策权派生出来的监督财务资源调配和使用情况的权力；在较高层面上，它是企业集团所有者监督经营者的财务权力。

根据财务权的大小及重要性，企业集团财务权可大致分为以下五个基本层次（如图 4-2 所示）。

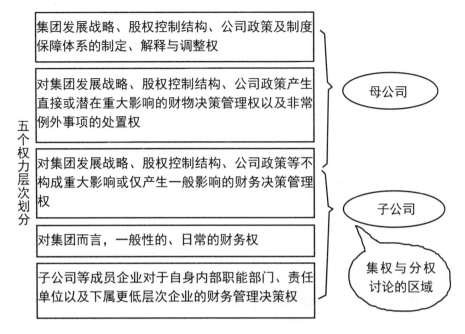

图 4-2　企业集团财务权的五个基本层次

第一层次：集团发展战略、股权控制结构、公司政策（如经营领域、经营方式、质量标准、财务标准等）及制度保障体系的制定、解释与调整权，其中包括集团管理体制的选择与调整变更权。

第二层次：对集团发展战略、股权控制结构、公司政策产生直接或潜在重大影响的财务决策管理权以及非常例外事项的处置权，如巨额投融资项目决策权、核心产业重组权、主导产品战略性调整权、子公司财务总监的任命、委派与解聘权、对股权控制结构有重大影响的投融资项目决策权等。

第三层次：对集团发展战略、股权控制结构、公司政策等不构成重大影响或仅产生一般影响的财务决策管理权，如子公司对主导产品及其营销策略的战术性调整权、对非主导性产品的结构性调整权、参股的非重要成员企业资本结构调整权以及高层人事变更权。

第四层次：对集团而言，一般性的、日常的财务权，如小额费用支出权、预算内费用支出权、短期融资权、现金日常管理权等。

第五层次：子公司等成员企业对于自身内部职能部门、责任单位以及下属更低层次企业的财务管理决策权。

一般而言，前两个层次的财权对集团整体都具有重大影响，因此这两层的财权归属于母公司或集团管理总部，并且这些权力具有凌驾于任何子公司等成员企业之上的权威，以便在必要时加以行使。其余三层财权的归属问题，便是集权与分权的讨论区域。如果母公司不仅拥有前两层财权，并且拥有后三层大部分的财权，那么就是集权型；如果后三层财权大部分归属于子公司，那么便是分权型。由此可见，集权与分权的差别不在于权力的集中或者分散，而在权力边界的划分及其所体现的层次结构的特征。

4.2.1.2 集权型财务管理体制

集权型财务管理体制是集团财务管理中的大部分权力集中于集团总部的财务管理体制。企业集团为何选择集权型财务管理体制？实行集权型财务管理体制，企业集团需要具备哪些条件？实行集权型财务管理体制，对企业集团有何优势，又会带来哪些负面影响？

1. 实行集权型财务管理体制的原因

企业集团选择实行集权型财务管理体制，可能的原因如下所述。

（1）控制对子公司的投资风险

从法律角度来说，子公司是具有独立法人资格的企业主体，所以集团母公司不能完全控制子公司的经营活动。但是子公司作为企业集团的一部分，必须为集团的整体利益服务。为了实现这一目的，集团母公司可通过控制子公司的财务权影响子公司的资金运作，从而影响子公司的生产和营销活动，预防子公司管理层的逆向选择和道德风险，降低集团母公司对子公司的投资风险，保证集团投资的保值与增值。

（2）协调子公司之间的财务活动

企业集团相较于单独企业的优势在于集团内各成员公司之间及各成员公司与母公司之间产生的协同效应所带来的利益远高于单独企业所能制造的利益。为了保持这一优势，集团内部各成员公司之间及各成员公司与母公司需保持协调的经营活动和财务活动。将子公司的财权集中于集团母公司，有助于子公司的经营和财务活动按照集团整体规划的方向发展，实现各成员公司之间和各成员公司与母公司之间的效益协调。

（3）优化集团资源配置

对于大型集团来说，集团下属成员公司拥有集团大部分的资源。从法律上看，分散在各成员公司之间的资源归子公司所有。如果集团不实行集权型管理体制，各成员公司管理层便可按照自己的意愿分配自身资源。而子公司管理层在分配自身资源时，更多的是从自身成员公司的利益角度出发而非集团整体的利益角度出发，这会导致集团资源配置不优化，严重时会导致集团整体利益受损。实行集权型财务管理体制，集团整体资源由集团母公司分配，有利于提高资源利用率，实现资源优化配置。

【案例 4-1】A 集团旗下有三家子公司，分别为甲公司、乙公司和丙公司。甲、乙、丙三家公司 2015 年各自拥有的资金和项目情况如表 4-1 所示。

表 4-1 A 集团下属子公司自有资金和项目投资表

单位：万元

子公司	自有资金	投资项目所需资金	项目报酬率（%）	资金溢缺
甲公司	1000	3000	20	-2000
乙公司	2000	2000	15	0

续 表

子公司	自有资金	投资项目所需资金	项目报酬率（%）	资金溢缺
丙公司	3000	1000	10	2000
合计	6000	6000		

如果 A 集团未实行集权型财务管理体制，则各个子公司投资规模和投资增值情况如表 4-2 所示。

表 4-2 A 集团下属子公司投资和收益表

单位：万元

子公司	自有资金	投资项目所需资金	项目报酬率（%）	投资金额	企业价值增值	闲置资金
甲公司	1000	3000	20	1000	200	0
乙公司	2000	2000	15	2000	300	0
丙公司	3000	1000	10	1000	100	2000
合计	6000	6000		4000	600	2000

可见丙公司会出现闲置资金 2000 万元，而甲公司需要 2000 万元继续投资。如果 A 集团实行集权型财务管理体制，则 A 集团可调用丙公司的闲置资金 2000 万元给甲公司继续投资，投资收益如表 4-3 所示。

表 4-3 A 集团下属子公司投资和收益表

单位：万元

子公司	自有资金	投资项目所需资金	项目报酬率（%）	投资金额	企业价值增值	闲置资金
甲公司	1000	3000	20	3000	600	0
乙公司	2000	2000	15	2000	300	0
丙公司	3000	1000	10	1000	100	0
合计	6000	6000		6000	1000	0

在 A 集团内设有财务公司或者内部银行的情况下，集团可通过财务公司或者内部银行实现资金调用。在未设有财务公司或者内部银行的情况下，A 集团可以以其他应收款或者预付账款的名义将闲置资金供子公司使用。账务处理如下：

丙公司：

借：其他应收款／预付账款

贷：银行存款

甲公司：

借：银行存款

贷：其他应付款／预收账款

通过实行集权型财务管理体制，A 集团可充分利用闲置资金，为集团增加 400 万元的收益。集权型财务管理体制使集团内资源得到有效运用，实现资源优化配置。

2. 实行集权型财务管理体制的条件

集权型财务管理体制并不适用于所有企业集团，要实行集权型财务管理体制的企业集团需要具备以下条件：首先，要有完善的内部信息管理系统；其次，要有优良的集团文化；再次，集团总部要拥有高素质的管理人员；最后，子公司之间要具有高度的行业相关性。

3. 集权型财务管理体制的优点及缺点

集权型财务管理体制的优点主要有：增加集团对子公司的控制力，降低集团投资风险；实现集团资源的优化配置；保证子公司按照集团战略发展。缺点主要有：因不能全面掌握信息而导致决策失误；导致子公司管理层缺乏理财能力；导致子公司对集团财务决策缺乏积极性。

4.2.1.3 分权型财务管理体制

分权型财务管理体制是指在企业集团财务管理中，大部分权力归子公司。企业集团为何选择分权型财务管理体制？实行分权型财务管理体制，企业集团需要具备哪些条件？分权型财务管理体制又有哪些优点和缺点？

1. 实行分权型财务管理体制的原因

实行分权型财务管理体制的原因大致有以下几点。

（1）使集团总部专注于制定企业集团战略

对于市场环境竞争激烈的企业集团来说，制定完善并具有竞争力的集团战略是集团生存和发展的前提。如果不能在战略上克敌制胜，集团就会面临退出市场的风险。此时，集团总部需专注于集团总体战略的制定与部署，而无暇顾及各子公司的日常财务经营运作，只能放手各子公司的财务决策权和控制权。

（2）子公司与集团总部行业相关性弱甚至不具有相关性

对于与集团总部所处行业具有较弱相关性的子公司来说，集团总部因对其业务、所处环境、行业发展前景等信息掌握不全，如对其实行集权容易导致决策失误。在这种情况下，企业集团应选择对子公司实行分权型财务管理体制，将子公司的财务决策权和控制权交给子公司管理层，由其在自身经验的基础上，为子公司做出更好的财务决策，为集团创造更多的利润和收益。

（3）集团面临复杂多变的市场环境

复杂多变的市场环境，使集团及时获取市场信息的难度加大。此时，如果企业集团实行集权管理，集团总部可能无法根据市场变化及时做出正确的反应。因此，在面临复杂多变的市场环境时，集团应选择分权型财务管理体制，将财务决策权和控制权交给下属子公司，由子公司根据各自所面对的市场环境做出判断，制定相应决策，提高集团决策的准确性。

2. 实行分权型财务管理体制的条件

分权型财务管理体制并不适用于所有企业集团。实行分权型财务管理体制的企业集团需具备以下条件：首先，要具有高素质的子公司管理人员；其次，要有团结的集团文化；最后，集团子公司规模要较为庞大或数量较多。

3. 分权型财务管理体制的优点及缺点

分权型财务管理体制的优点主要有：有效提高财务决策的及时性和准确性；将集团总部的精力集中于集团整体运作方向和战略规划；提高子公司管理者参与集团财务决策的积极性；有助于提高子公司管理者的管理能力。

分权型财务管理体制的缺点主要有：集团资源使用效率降低；增加集团的代理风险；降低了集团总部对集团财务的控制力。

4.2.1.4 折中型财务管理体制

折中型财务管理体制是介于集权型和分权型之间的财务管理体制。折中型财务管理体制主要有两种表现形式：集权为主，分权为辅；分权为主，集权为辅。前者在集团实行集权型财务管理体制的基础上，将子公司的一般财务决策权和控制权进行适度分权；后者在集团实行分权型财务管理体制的基础上，对各子公司的资源实行统一管理。

尽管集权型财务管理体制与分权型财务管理体制各有优点，但其所具有的缺点也是无法避免的。因此在现实中，大部分企业集团选择实行的财务管理体制并非完全的集权型或完全的分权型，而是选择将这两种类型的财务体制相结合，即实行折中型财务管理体制。企业集团希望通过这一财务管理体制，协调"集权"和"分权"，同时实现两种财务管理体制的优点，削弱其缺点。

1. 实行折中型财务管理体制的条件

实行折中型财务管理体制的企业集团需要具备以下条件。

（1）企业集团处于成长期或成熟期

处于成长期的企业集团发展迅速，集团需要拿出比发展初期更多的精力来制定集团的发展战略，同时随着集团发展而迅速发展的子公司业务增多，集团总部没有足够的精力处理。因此，集团母公司必须下放部分财权，从而使自身更专注于集团整体发展战略的制定，同时锻炼和提高子公司管理者的管理能力。但是，集团总部还必须保有一定的财务决策权和控制权，从而把控子公司的财务运作和发展方向。而对于处于成熟期的企业集团，集团可将一部分权力下放给子公司管理层，以保证集团总部有足够的精力进行集团整体的战略规划。

（2）集团产品存在差异，但具有一定相关性

对于多元化企业集团来说，实行完全的集权管理或是完全的分权管理都是不可行的。在多元化企业集团中，集团总部应重视核心企业的发展，因此对核心企业可实行集权型财务管理体制；而对处于非核心企业位置的子公司，集团需要适当放权给子公司管理者，以便母公司集中精力处理集团和核心企业及核心产品的事务。但对核心产品具有支持作用的子公司，集团总部需保持一定的控制力，以保证对核心产品的支持。

2. 折中型财务管理体制的优点及缺点

折中型财务管理体制的优点主要有以下几点。

（1）在发挥母公司财务调控功能的同时，激发子公司管理层的积极性和创造性

折中型财务管理体制下，集团母公司保留对子公司重大财务活动的决策权。母公司通过审批子公司重大的投融资项目，控制子公司的经营风险和财务风险，实现对集团整体重大财务活动的监督。子公司对一定额度下的投融资项目具有自主财务决策权，子公司管理层对所处子公司的投资项目具有一定程度的影响力，因此能够激发其参与财务管理的积极性，提供具有建设性的财务管理建议。

（2）集团总部更加关注集团整体的运作，同时提高集团整体资源配置效率

集团总部将适当的财务决策权交给子公司管理层，能够有效减少总部处理子公司财务事项的时间和精力，从而集中更多的时间和精力制定集团整体战略、关注集团整体财务运营情况。相较于分权型财务管理体制，折中型财务管理体制下，集团总部有更多的权限调整集团整体资源配置，能够更加有效地提升集团整体资源配置效率。

（3）保证子公司的财务管理具备一定的灵活性和及时性

实行折中型财务管理体制的集团，其子公司能够在一定范围内行使自主的财务决策权。因此，在子公司所处外部环境突变的情况下，子公司能够在限定的能力下立刻做出相应的财务处理而无须等待总部的批示，而且子公司能够根据自身所处市场的变化，在限定能力下调整自身的投融资策略，保持自身灵活性。

尽管折中型财务管理体制具有上述优点，但与集权型财务管理体制相比，其资源配置效率不及集权型；与分权型财务管理体制相比，子公司财务决策的灵活性、子公司管理层参与财务决策的积极性不如分权型。

4.2.1.5 财务管理体制模式的影响因素

企业集团选择实行哪一种财务管理体制受到许多因素的影响，这些因素可以分为内部因素和外部因素。其中内部影响因素有：企业集团管理体制、企业集团类型、企业集团规模、企业集团成长阶段、企业集团的组织结构、企业集团的发展战略、企业集团对子公司控股方式、企业集团文化等；外部影响因素有：市场竞争的激烈程度、宏观经济政策等。

1.内部影响因素

（1）企业集团管理体制

企业集团管理体制是企业集团为管理集团生产经营活动而制定的管理制度的总称。按集团总部的集权程度，可将企业集团管理体制分为集权型、分权型、集权与分权相结合型管理体制。企业集团财务活动是集团经营活动的一部分，企业集团的财务管理也是集团营运管理的一部分。因此，为管理集团财务活动而制定的集团财务管理体制也是集团管理体制的组成部分。企业集团采取何种管理体制，直接决定了采取何种财务管理体制。

（2）企业集团类型

按照经营目标不同，企业集团可分为金融控股型企业集团、产业经营型企业集团、产融结合型企业集团。金融控股型企业集团的母公司关注资本的保值与增值，因此其对资本型的子公司及涉及资本运作活动的子公司大多会实施集权型财务管理；而对生产经营实体的子公司，母公司缺少相关经验，通常采取分权型财务管理。产业经营型企业集团的母公司更加关注实现集团整体资源的优化配置，巩固或加强集团核心业务的市场竞争优势。因此产业经营型企业集团母公司在注重子公司经营业绩的同时，也注重子公司经营过程中对资源配置的控制，所以产业经营型企业集团一般选用集权度高的集权型财务管理体制或以集权为主、分权为辅的折中型财务管理体制。产融结合型企业集团或以大金融机构为核心同时涉及工商业部门，或以大型工商业企业为核心同时涉及金融机构，因此产融结合型企业集团对其核心产业子公司实行集权型财务管理体制，对非核心产业子公司实行分权型财务管理体制。

（3）企业集团规模

不同规模的企业集团，其财务管理体制也会有所不同。对于中小型企业集团来说，集团内子公司数量较少，集团经营跨度较小，集团可实行集权型财务管理体制，以便整合集团整体资源，掌控集团整体财务风险。对于大型企业集团来说，集团内子公司数量多、经营跨度大，集团需对子公司进行适当放权，即实行折中型财务管理体制或分权型财务管理体制，以便总部集中精力处理集团整体事务和制定集团整体战略，增强子公司财务的灵活性和准确性。

（4）企业集团成长阶段

企业集团的生命周期分为四个阶段：初创期、成长期、成熟期、衰退期。初创期，企业集团刚刚形成，集团内子公司较少，集团总部需要控制各个子公司的发展进程，以把控企业集团整体的战略发展方向。在这一阶段，企业集团宜实行集权型财务管理体制以确保子公司按照集团整体的战略方向发展。在成长期，企业集团进入快速发展阶段，集团子公司数量大量增加，集团总部需要适当分权以保证集团总部有足够的精力致力于集团战略规划。但集团对核心子公司还需保持一定的控制力，避免子公司的发展偏离集团发展方向。而对在这一阶段加入集团的非核心子公司，集团可将对该子公司的财权下放给子公司管理者。在这一阶段，集团对核心企业可实行集权型或以集权为主、分权为辅的折中型财务管理体制，对非核心企业可实行分权型或分权为主、集权为辅的折中型财务管理体制。在集团成熟阶段，集团中大部分子公司已进入成熟期，形成固定的管理模式。在这一阶段，集团核心企业会形成较大规模，成为集团的支柱企业。此时，集团总部可将核心企业的财权适当下放给核心企业管理者，实行折中型财务管理体制。对与集团行业相关性较弱的子公司实行分权型财务管理体制。在衰退期，集团需要对集团内的子公司进行"清理"，将盈利不佳、效益低下的子公司剥离或出售，同时集团需要考虑进军新的行业，谋求集团新的盈利点。在这一阶段，集团应收回所有财权，实行集权型财务管理体制，以争取实现集团自救。

（5）企业集团的组织结构

企业集团的管理体制与组织结构相适应。如果企业集团的组织结构是高度集权的，如U型结构，那么企业集团的财务管理体制往往选择集权型；如果企业集团的组织结构是分权型的，如H型结构，那么相应的财务管理体制往往选择分权型；如果企业集团的组织结构是集权、分权相结合的，如M型结构，那么企业集团往往选择折中型财务管理体制。

（6）企业集团的发展战略

企业集团的发展战略是集团发展的总方向和总策划，可分为扩张型、稳健型和收缩型三种类型。企业集团的管理体制应服从于企业集团的发展战略要求。如果企业集团的发展战略为扩张型，企业集团想要扩张集团市场，则集团总部应分权给子公司管理者，让子公司管理者能够自如地根据自身经验选择开拓新市场，为集团带来新的利润增长点。如果企业集团的发展战略为稳健型，则集团总部只需把控子公司的重大投资、筹资等重要事项，而子公司的一般财务事务的决策权可下放给子公司管理者。如果集团的发展战略为收缩型，则集团总部需要实行集权型财务管理体制，以期达到收缩型发展战略目的。

（7）企业集团对子公司控股方式

企业集团对子公司有不同的控股方式。对于全资子公司，子公司的投资决策权、筹资决策权、财务管理人员任免权等财权都由集团总部掌握，集团对其实行集权型财务管理体制，以控制子公司的投资风险。对于控股子公司，集团总部将子公司的一般投资决策权、一般筹资决策权、一般财务事务决策权等非重大财权交给子公司管理层，重大财权由集团总部掌握，实行折中型财务管理体制。对于参股子公司，子公司作为独立法人，拥有法人财产权，集团只能通过自己所占有的股份或集团派驻在子公司的管理参与者来影响子公司的财务决策。

（8）企业集团文化

企业集团文化是企业集团工作人员处理事务和与人相处的指导思想。在提倡民主、平等思想的集团中，子公司不仅在法律上是独立法人，集团内部也认可其独立社会人格。因此，在这一文化影响下，企业集团偏向于采用分权型财务管理体制。而在提倡集体主义、统一管理的集团中，子公司更多地被认为是集团的一部分，应服从集团总部的管理。因此，在这一管理文化影响下，企业集团偏向于采用集权型财务管理体制。

2. 外部影响因素

（1）市场竞争的激烈程度

所处市场竞争的激烈程度不同，集团实行的管理体制也会有所不同。当集团中核心企业所处行业竞争激烈，一般情况下集团会不惜一切代价支持核心企业增强其竞争力。这时集团会选择集权型财务管理体制，以便调动集团所有资源和资金。如果集团非核心子公司所处行业竞争激烈，市场变化迅速，集团可实行分权型财务管理体制，以便更加了解市场变化的子公司管理层对市场做出迅速、准确的应对，保证集团决策的正确性。

（2）宏观经济政策

所有企业都是在特定的环境中以实现企业价值最大化为目的的经济组织。集团作为企业的联合体，也是在特定的环境中成长起来的。宏观经济政策是特定环境中的一个重要因素。国家制定的宏观经济政策对集团有强制作用，也有鼓励或抑制的作用。如果集团子公司所处行业国家鼓励充分竞争，则企业集团对该子公司应实行分权管理，以及时应对市场变化；如果集团所处行业属于国家垄断行业，则企业集团可实行集权管理。

对企业集团选择财务管理体制的影响因素还有：企业集团的地理分布、企业集团的管控模式等。企业集团的财务管理体制不是一成不变的，企业集团应根据自身环境变化调整集团财务管理体制。在选择财务管理体制时，企业集团应综合考虑各个影响因素，结合自身特点，选择并建立一套行之有效的财务管理体制。

4.2.2 企业集团财务组织制度

企业集团财务组织制度是企业集团组织财务活动的基本规范，它明确了集团各层级财务管理组织机构的分工与协作关系，规定了各层级财务机构及其人员的职权和职责。为充分协调企业集团内各成员单位的利益关系，合理配置各种经济资源，最大限度地发挥集团的整体优势，企业集团应根据自身特点，制定能够体现集权与分权适度、责权利均衡、与集团规模相适应的企业集团财务组织制度。

企业集团的财务总部过度集权或过度分权，都会产生不良影响。前者往往会抑制子公司理财的积极性，后者则容易导致财务失控。为此，企业集团在制定财务组织制度时，首先应保证集团财务总部有必要的财务权限，尤其是对重大财务事项的决策权，在此基础上进行适当的分权。责权利是否均衡与分权能否达到目的紧密相关。子公司、分公司拥有的权限大但承担的责任小，容易产生滥用权力现象；反之，权限小但责任大，则不利于调动子公司、分公司的积极性。权力与责任应该是对称的、均衡的，责任与利益也应该是对称的、均衡的。

企业集团财务组织制度包括企业集团财务管理组织结构、企业集团财务机构的职责划分和企业集团财务人员管理体系三部分内容。

87

4.2.2.1 企业集团财务管理组织结构

企业集团规模不同，财务管理组织结构的繁简程度也不同。规模较小的企业集团可以只在母公司设置财务部门；规模较大的企业集团可以在总部分设两个部门，一个主管总部财务，另一个主管对子公司和关联企业的投资与权益；规模很大的企业集团，则可以在较大企业集团财务组织的基础上，另外设立一个专门从事企业集团各成员企业资金融通的部门。

一般认为，企业集团财务管理组织结构包括两个方面：纵向财务管理组织结构和横向财务管理组织结构。

1. 纵向财务管理组织结构

从纵向上看，在企业集团里，成员企业间存在着"集团公司—子公司—孙公司"的多级控制关系，而在每个成员企业内部存在着"公司总部—分公司（事业部）—分厂（车间）"的分层控制关系。相应地，在财务管理上也形成了纵向的财务管理组织结构。

"集团公司—子公司—孙公司"之间的关系与企业集团的类型关系密切，财务管理结构也相应有所不同。

金融控股型企业集团母公司相较于关注子公司的运作方式，更加关注其投资资本的保值与增值，因此在金融控股型企业集团内部，生产经营型子公司拥有更多的自主经营权和自主管理权，集团整体呈现 H 型为主的组织结构。在财务管理组织结构上，集团总部财务组织相当于集团融资中心、投资中心，负责集团总部的融资和投资；各子公司各自设立财务组织，负责子公司的投融资项目决策、预算管理、资金运作、财务人员任免及其他财务事项。子公司财务组织只需向总部财务组织或总部管理组织汇报自身财务经营成果，以便总部对其实行财务绩效考核。

产业经营型企业集团可分为单一产业型企业集团和多元化企业集团。单一产业型企业集团其所涉及产业相对单一、目标集中，集团母公司更加注重整合集团资源，提高集团的产业竞争力。为更好地实现资源整合，集团母公司对其子公司实施集权管理，集团整体呈现 U 型组织机构。在财务组织结构上，单一产业型企业集团总部财务组织具备多项职能，负责集团总部及子公司的投融资决策、预算方案决策、总部财务人员及子公司财务管理人员任免等财务事项；子公司财务组织只需服从总部财务组织，执行集团总部财务决策及预算方案。多元化企业集团可分为相关多元化企业集团和无关多元化企业集团。相关多元化企业集团涉及的多产业之间具有较强的相关性，集团对这些产业具有一定的了解，集团总部可对子公司实行集权管理或者以集权为主适当分权，集团整体组织结构一般为 U 型或 M 型组织结构。U 型组织结构相关多元化企业集团的财务组织机构类似于单一产业型企业集团。集团整体呈现 M 型组织结构的相关多元化企业集团，集团总部财务组织负责集团重大投融资项目决策及其他重大财务事项；子公司财务组织可对一定额度下的投融资项目具有决策权，可对一定额度下的资金进行调配，可自行聘任子公司财务组织的财务人员等。

无关多元化企业集团类似于金融控股型企业集团，其集团财务组织结构也类似于金融控股型企业集团。

产融结合型企业集团内既有金融机构又有产业部门，集团所涉及产业较为多元。集团对其子公司实行分权管理或集权、分权相结合的管理方式，集团整体结构呈现 M 型或者 H 型。因此，其财务组织结构类于 H 型组织结构的金融控股型企业集团或 M 型组织结构的相关多元化企业集团。

从"公司总部—分公司（事业部）—分厂（车间）"的分层控制关系看，总部财务组织处于公司财务组织金字塔结构的顶端，是各分部的财务决策层。公司总部财务组织主要由公司总部财务负责人及其管理的总部财务部门或机构组成。公司总部拥有财务决策权和控制权，对公司财务运营行使财务监督权，并履行公司总部财务工作职责。公司总部财务管理组织的核心定位是在集团母公司财务组织的指导下开展财务工作，为公司总部及分公司制定财务战略、管控公司财务等。

分公司财务管理组织是成员企业内的财务管控层，由分公司财务负责人及其管理的分公司财务部门或机构组成，服从于成员企业总部财务管理组织，对分厂财务管理组织进行指导。分公司财务部服从于公司总部财务管理组织，是公司财务战略、公司总部财务决策实施主体。分公司财务管理组织作为成员企业内部纵向财务管理组织管理结构的中间环节，需要与上一环节（公司总部财务管理组织）做到良好的互动与沟通，也需要对下一环节（分厂财务管理组织）进行良好的指导与沟通。分厂财务管理组织是成员企业内的财务执行层，主要由分厂财务负责人及其管理的分厂财务部门或机构组成。分厂财务管理组织接受分公司财务管理组织的指导，直接落实公司的具体财务工作。

在纵向财务管理组织结构中，从上往下是集团战略落实的路径，要做好相应的指导和监督工作，指导准确到位，监督严格及时；从下往上是集团财务信息收集和加工的过程，同时是集团战略实施情况的反馈传递过程，子公司和孙公司要做到信息反馈及时、内容真实准确。成员企业内部纵向财务管理组织结构如图 4-3 所示。

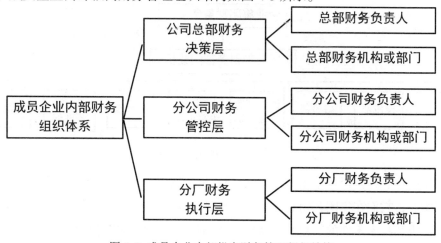

图 4-3 成员企业内部纵向财务管理组织结构

2. 横向财务管理组织结构

横向财务管理组织结构是指在不同的层级上，相应层级建立的该层级财务管理组织机构。横向财务管理组织结构的建立是为了更好地落实集团财务战略，完成该层级的财务战略任务。横向财务管理组织结构受集团规模大小、子公司规模大小、该层级财务活动量大小及重要程度、集团财务管理体制类型等因素的影响。

集团公司财务总部负责整个集团的资源分配、资金运用、投资管理、风险管理等总体计划的安排，为履行职责一般至少设置以下职能部门（见图4-4）：①产权管理部。产权管理部负责集团产权管理，包括集团对子公司的股权收益、股权转让与交易、新设子公司等。②投资部。投资部负责管理集团的投资项目，规划集团投资战略，确定投资产业方向，评估投资风险与收益，进行投资项目业绩评价等。③融资部。融资部负责管理集团的融资项目，评估融资成本，明确融资主体（子公司或者母公司）、融资方式、融资渠道等。④财务预算与管控部。财务预算与管控部负责集团整体财务预算制定，管控集团内成员公司财务预算执行进度，必要时调整集团财务预算。同时，该部门负责子公司业绩评价考核，以及其他财务管控工作。⑤资金营运部。资金营运部负责集团实体业务的日常资金流动安排，统筹下属公司的收入、成本、费用和利益分配。⑥会计部。会计部负责集团母公司的会计核算和报表编制、集团合并报表编制、集团整体的会计制度制定、税务筹划、集团会计信息系统的运行与维护等工作。⑦风险管理部。风险管理部主要负责集团内部控制、风险管理和财务预警，维护和保证集团的整体利益。⑧审计部。审计部负责监督集团母公司与集团各子公司的各项财务活动遵循集团财会制度，监督检查各个成员公司和母公司所提供财务信息的真实性和准确性。这些部门都属于集团财务管理范围，最终对集团财务负责人（总会计师或负责财务的副总裁、副总经理、首席财务执行官）负责。从上述财务部门或机构可以看出，集团总部财务组织不仅包括财务部，也包括在集团总部单独设立但不属于财务部管辖的其他部门或机构（多数情况下，这些部门或机构与财务部属于同一级别）。

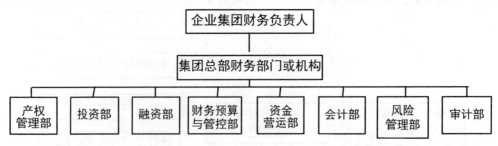

图4-4 集团总部横向财务管理组织结构

控股子公司、孙公司及集团公司有独立对外经营权的分公司（或事业部）属于企业集团的利润中心，它们在集团公司总体计划内安排具体的生产经营活动，并可在一定范围内根据市场需求和技术条件的变化及时调整生产和销售。它们的财务管理职能部门可根据层级需要建立，可根据重要程度单独建立或多个部门合并建立，在机构上主要设有财务预算部、销售结算部、成本控制部、日常运营资金管理部等。

作为生产单位的分厂、车间及其他费用单位，它们一般属于成本控制中心，对本单位的责任成员负责，通常不设置专门的财务机构，但可设置专职的会计人员（如成本核算员）负责目标责任成本的分解、控制、核算、分析等。

4.2.2.2 企业集团财务机构的职责划分

企业集团财务机构的职责划分主要关注各层级主要财务机构的岗位职责及其责权利关系。集团的财务事项决策流程大致会经过四个层级：总部财务管理机构—财务中心或财务公司—子公司财务管理机构—孙公司财务管理机构。

财务中心是在集团财务总部下设置的，负责母公司（及其分公司）、子公司及其他成员企业现金收付、头寸调剂及往来业务款项结算的财务职能机构。根据各企业集团对财务权限的分配与实施财务管理的条件的不同，财务中心可以分为财务结算中心和财务控制中心两类。并不是所有集团都设有财务中心或财务公司，因此这一层级的岗位职责只在设有财务中心或财务公司的集团内发生；而没有设立财务中心或者财务公司的集团，其相应职责则由总部财务机构或子公司财务管理机构负责。

4.2.2.3 企业集团财务人员管理体系

企业集团财务人员是企业集团各级财务人员的总称，不仅包括集团母公司财务组织负责人（如副总裁、副总经理、总会计师、首席财务执行官），也包括子公司财务组织负责人（如财务总监）、孙公司财务组织负责人（如财务经理）以及各个财务岗位上的财务人员。

企业集团财务人员的任免不仅是人力资源的范畴，也是财务管理的范畴。企业集团对集团财务的管理不仅是把控财务决策权和财务控制权，财务人员的任免也是一个重要环节。一支素质优良、高效率、精明能干的财务管理团队，能更好地执行集团财务战略、落实集团财务政策、实现集团财务目标。如何建立一支优良的团队，加强对财务人员的管理，现已成为企业集团财务管理工作的重点之一。

4.2.3 企业集团财务决策制度

企业集团财务管理决策是企业集团为实现整体财务管理的目标而对未来一定时期内的财务活动的方向、内容及形式所进行的选择和调整。按照重要性不同，企业集团财务管理决策可分为战略性财务管理决策、战术性财务管理决策和业务性财务管理决策三种。按照财务管理所涉及的问题的性质不同，可将企业集团财务管理决策分为程序化决策和非程序化决策。按照决策的环境不同，可将企业集团财务管理决策分为确定性决策、风险性决策和不确定性决策。按照财务管理决策主体的不同，可将企业集团财务管理决策分为个人决策和集体决策。

财务决策管理权限历来是企业集团各方面所关注的首要问题，是整个财务管理体制的核心。如何划分并界定各方面、各利益主体以及各层级财务管理组织的财务决策管理权限，成为财务决策制度研究的基本点。

4.2.3.1 投资决策制度

企业集团投资决策制度是指在集团内部针对集团投资决策所制定的准则和程序。企业集团投资决策制度是财务管理体制的核心内容，它在很大程度上影响企业集团财务管理的效率。

在集团整体这一层级，集团总部依据集团整体战略计划制定投资决策。在集团总部，由集团总裁提出投资方案，经集团董事会讨论后，交集团股东大会审核通过。在这一层面，由集团股东做出最终投资决策并为其负责。

在各成员企业层级，各成员企业在选择投资方案时必须同时考虑自身企业的未来发展和企业集团整体发展战略。各成员企业必须以战略的眼光审视投资方案对集团整体长远利益和发展的影响。各成员企业投资决策制度的安排根据集团实行的财务管理体制不同而不同。在集权型财务管理体制下，各成员企业投资决策由集团董事会或总裁负责决策；在分权型财务管理体制下，各成员企业重大投资决策由集团董事会或总裁负责决策，而各成员企业一般投资决策由各成员企业董事会或总经理负责决策；在折中型财务管理体制下，各成员企业一定额度以上的投资决策由集团董事会或总裁负责决策，一定额度以下的投资决策由各成员企业董事会或总经理负责决策。

与单个企业相比，企业集团做出投资决策时更加注重战略性和系统性。企业集团在做出投资决策时要以集团发展战略为导向，站在集团整体发展的立场上考量不同的投资项目组合，最终形成一个由各成员企业的多个投资要素组成的、具有系统性的投资项目集合，在这 集合中各要素之间存在着相互作用或影响的特定关系。

在集团投资决策的过程中，集团投资决策者会通过一系列评价方法，综合评价投资方案。与单个企业所用评价方法相似，企业集团所采用的评价方法也是现金流分析法。企业集团可根据企业集团投资制度确定相应的评价指标，建立一套完善的投资决策制度，提高企业集团决策的正确性。

投资决策程序是指当各个投资决策者确定各项投资决策时，需要通过的具体程序。一般来说，企业集团投资决策程序包括：明确投资的战略方向、制定投资战略规划、确定投资的目标、编制年度投资计划、进行投资组合优化、董事会决策审批，如图4-5所示。

图 4-5 企业集团投资决策程序

4.2.3.2　筹资决策制度

企业集团筹资决策制度是指集团内针对集团整体、各成员企业的筹资决策所制定的准则和程序。集团整体的筹资决策与投资决策类似，集团重大筹资决策由总裁提出筹资方案，经董事会讨论通过之后，提交股东大会最终审核通过。在这一层级，筹资决策权由股东大会最终行使并为之负责。

在各成员企业层级，各成员企业重大筹资决策权由集团总部行使并为之负责，而各成员企业一定额度内的筹资决策权则根据集团实行的财务管理体制分不同情况。在集权型财务管理体制下，各成员企业的所有筹资活动决策由集团总裁负责；在分权型财务管理体制下，各成员企业一定额度内的筹资活动决策由各成员企业经营者或各成员企业董事会负责；在折中型财务管理体制下，各成员企业在集团限定的额度内的筹资决策由成员企业经营者或成员企业董事会负责。

对于不同财务管理体制的集团，其划分集团总部与子公司之间的筹资决策权所依据的原则不同。对于实行集权型财务管理体制的集团来说，在处理集团总部与子公司筹资决策权限的关系上，应依据的主要原则是统一规划、集权管理。统一规划是指企业集团总部与子公司的重大筹资项目由集团总部统一规划并制定。统一规划的内容包括统一集团筹资政策；统一各子公司及总部借款票据贴现程序；统一子公司年度经营性累计借款额度；统一集团担保和抵押规则；统一对外开具信用证的规则等。集权管理是指集团的筹资项目均由母公司统一决策，并由母公司对集团筹资项目实行监督。对于实行分权型财务管理体制的集团来说，在处理集团总部与子公司筹资决策权限的关系上，应依据的原则是统一规划、重点决策、分权管理。重点决策是指集团规定的重大筹资决策项目由集团总部统一管理。分权管理是指子公司的非重大筹资项目由子公司自行决策，并为之负责。而对于实行折中型财务管理体制的集团来说，其依据的原则与实行分权型财务管理体制的集团相似，但子公司所具有的筹资决策权限介于实行前两类财务管理体制的集团之间。

集团在制定筹资决策制度时，还需注意筹资主体的确定。筹资主体主要是指筹资执行主体和筹资使用主体。确定筹资执行主体是指确定由谁来筹资。筹资执行主体可由集团总部、子公司、财务公司等专门财务机构来担当。确定筹资执行主体需要依据筹资项目的重要性、筹资执行主体的筹资能力等。如果筹资项目重大，则应由集团总部或财务公司等专门财务机构执行筹资项目；如果集团将筹资项目统一交由专门财务机构负责，则根据集团规定由专门财务机构作为筹资执行主体；如果子公司具备其筹资项目所需的筹资能力，则可由子公司作为筹资执行主体。在集团统一筹资的情况下，集团需考虑筹资使用主体。如何分配所筹集资金，如何确定筹资使用主体，集团可根据成本与效率原则，优先选择效率高的子公司作为筹资使用主体。

筹资决策程序是指当筹资决策者决定各项筹资决策时，需要通过的具体程序。筹资决策程序一般包括如下步骤（见图4-6）：确定筹资需要量，提出可能的筹资方式，针对各种可能的筹资方式进行风险和资本成本分析，确定具体筹资方式，提交董事会或总经理审核。决策者不同，筹资程序也会有所不同。

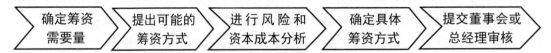

| 确定筹资需要量 | 提出可能的筹资方式 | 进行风险和资本成本分析 | 确定具体筹资方式 | 提交董事会或总经理审核 |

图 4-6 企业集团筹资决策程序

4.2.3.3 利润分配决策制度

企业集团利润分配决策制度是指集团为了规范各成员企业的利润分配而制定的原则、方法和程序。不管集团实行何种财务管理体制，利润分配决策权属于集团的重大财权，均归属于集团总部。

企业集团总部的利润分配决策主要是集团董事会根据企业集团财务发展战略和股东要求，提出利润分配方案，最终由股东大会讨论并审核通过。企业集团总部的利润分配决策权由集团全体股东行使并为之负责。

关于集团内其他成员企业的利润分配决策制度，则根据母公司对其他成员企业的投资程度不同而不同。对于集团内的全资子公司，其全部利润归母公司所有。全资子公司利润分配方案由子公司提出，并最终经母公司审核通过。对于集团内的绝对控股或控股比例低于 50% 但集团对其具有实质控制权的子公司，利润分配预案由子公司提出，经过集团母公司同意后，提交子公司董事会讨论并制定决议，最后提交子公司股东大会审议通过。对于这一类子公司，尽管母公司对其并不具有 100% 股权，但由于母公司对其具有超过半数的股权或者具有实质控制权，因此其利润分配决策权最终还是归属于母公司。对于母公司控股比例低于 50% 的参股子公司，其利润分配决策根据子公司规定的章程执行，母公司根据自己所拥有的股份参与决策。

企业集团制定利润分配决策制度应结合企业集团利润分配管理的特点。企业集团利润分配管理的特点主要体现在以下三个方面。第一，利润分配的格局主要是协调集团内成员企业之间的利益关系。由于企业集团内各子公司之间存在资金、人力资源、技术和经营管理的联合，所以便产生了其他子公司按资本、生产技术、经营管理等要素投入的状况参与利润分配的新格局。第二，企业集团利润分配主体和关系更加复杂。企业集团的利润分配涉及比单体企业更多的利益主体和更复杂的利益关系。企业集团分配管理的基本原则是，既要平等互利、协调发展，又要打破"大锅饭"，真正起到激励作用。第三，企业集团的分配内容更加丰富。集团母公司对集团内部发生的合作和交易事项中影响各成员最终利益的因素进行控制和规划。因此，集团母公司在决定集团利润分配方案时，不仅需要考虑母公司的利益，也需要考虑集团内其他成员企业的利益，以达到企业集团整体长远发展的目的。

4.2.4 企业集团财务控制制度

财务控制是指根据企业集团财务管理目标与财务计划的要求，确定衡量绩效的标准，将实际的财务活动与预定的标准进行比较，以确定实际的财务活动中出现的偏差及其严重程度，在此基础上对财务活动进行指导与调节，对偏离财务计划的行为进行纠正，以保证企业集团财务管理目标的顺利实现。

企业集团财务控制制度包括预算控制制度、财务激励制度、内部审计制度、财务总监委派制度等。下面主要对预算控制制度、财务激励制度、内部审计制度进行介绍。

4.2.4.1 预算控制制度

企业集团预算控制制度是指企业集团针对各成员企业预算控制所制定的具体准则和程序。企业集团预算控制制度是企业集团财务控制制度的重要内容。企业集团对各成员企业的预算控制主要包括预算编制控制、预算调整控制、预算核算控制、预算报告控制及预算审计控制。

对于实行不同类型的财务管理体制的集团来说，企业集团预算制定过程不同，因此其预算编制控制的方式也不同。对于实行集权型财务管理体制的集团，集团内各成员企业预算方案由集团总部统一编制，各成员企业执行。在这一体制下，集团总部直接通过编制预算方案实现对各成员企业的预算控制。对于实行分权型财务管理体制的集团，集团内各成员企业根据集团总部制定的财务战略目标编制各自的预算方案，并提交总部备案。在这一体制下，总部通过设定财务战略目标控制各成员企业的预算编制。而在折中型财务管理体制下，集团内各成员企业根据集团总部制定的预算大纲编制各自的预算方案，最后交集团总部审批下达。在这一体制下，集团总部通过审核各成员企业预算方案，以实现对预算编制控制的目的。

在企业集团预算执行过程中，集团通过预算调整控制、预算核算控制、预算报告控制实现预算执行过程控制。如果在执行中由于市场环境、经营条件、政策法规等集团不可抗力导致原有预算方案不成立或与原有预算方案产生重大偏差，集团总部调整预算方案需要得到集团股东大会审议通过后方可执行，各成员企业需要集团总部审核通过后方可执行。

在预算执行过程中，集团可建立定期反馈制度，要求各成员企业定期（每月、每季或半年）对预算结果进行核算、分析预算差异产生的原因，并以报告的形式提交集团总部。在集权型财务管理体制下，集团总部可根据各成员企业的定期反馈报告制定改进措施；在分权型财务管理体制下，集团总部根据各成员企业报告了解各成员企业预算执行情况，各成员企业根据差异报告制定改进措施；在折中型财务管理体制下，各成员企业需根据自身的预算核算结果提出改进措施，并经集团总部审核后执行。

同时，集团可建立预算审计制度，以加强集团对预算执行过程的控制。集团内各成员企业预算编制、预算执行、预算审核过程均受到集团内部审计部门的监督。

通过实行企业集团预算控制制度，企业集团可根据子公司预算反馈报告了解各成员企业的运营情况，在不直接控制子公司财务活动的情况下获得较好的控制效果；通过各成员企业定期反馈报告，能够降低集团总部与子公司之间的信息不对称程度；同时集团可根据子公司财务预算运营情况反馈，及时获取子公司财务信息并以此调整短期经营目标，及时做出经营决策；集团可在预算方案中调整集团资源配置情况，优化集团资源配置。

4.2.4.2 财务激励制度

在组织行为学中，激励主要是指激发人的动机的心理过程。通过激发和鼓励，使人们产生一种内在驱动力，使之朝着激励者所期望的目标前进。在企业中由于委托代理关系的存在，委托方（企业所有者）需对代理方（企业经营者）给予一定的激励，以防止代理方出现逆向选择和道德风险，并促使代理方朝着委托方所期望的目标前进。在企业集团内，同时存在着两层委托代理关系：一是集团所有者对集团经理人的"委托代理"关系，二是集团经理人对其下属职能管理部门及业务经营单位的"委托代理"关系。因此企业集团内的激励制度，也存在两层激励关系：一是集团所有者对集团管理层的激励制度，二是集团母公司对子公司的激励制度。

与单体企业类似，企业集团所有者通过制定财务激励制度以达到对企业集团经营者的约束与激励。企业集团所有者可利用与集团业绩挂钩的奖金、股票、股票期权等激励手段鼓励集团经营者努力提高集团业绩，同时利用扣除奖金、辞退等惩罚手段约束集团经营者的不良行为。对于集团经营者的激励制度，由集团董事会制定，并最终经过集团股东大会审议通过。

针对子公司的激励制度，可从子公司和子公司管理层两个方面制定。集团总部可通过在利润分配上激励子公司长远发展（如为子公司留足企业法定公积金、在盈余公积金的分配上尽量为子公司留足发展后劲等）、为子公司创建一个公平竞争的集团内部环境（如建立统一的关键业绩指标考核）等方式对子公司实行激励措施。针对子公司的激励制度由集团总部制定并实施。

针对子公司管理层，集团总部可利用与子公司业绩挂钩的奖金、股票、股票期权、升职等激励手段促使子公司管理层提高子公司经营业绩，同时利用降职、辞退等约束手段约束子公司管理层的不良行为。集团总部有实质性控制权的子公司，子公司管理层的激励制度由集团总部制定并实施；而集团总部不具有实质性控制权的子公司，子公司管理层的激励制度由子公司董事会制定，并经子公司股东大会审议通过，集团总部通过派出的股东代表或董事会代表影响子公司管理层的激励制度。

企业集团在实施和制定财务激励制度时应注意：在激励手段上，不能过分或单纯依赖经济激励，而应物质激励与精神激励相结合；在激励环节上，应注重目标设置的科学性。如果目标设立过高，经营者无法达到，即使激励方式多么诱人，都无法达到激励的作用；

而如果目标设立过低，经营者能轻易到达，则经营者不会为了集团更进一步发展而努力工作。

企业应认真分析影响激励效果的各种因素，通过深入细致的分析提高激励的有效性。

4.2.4.3 内部审计制度

1. 内部审计及内部审计制度的含义

内部审计之父索耶关于内部审计的定义是：对组织中各类业务和控制进行独立评价，以确定是否遵循公认的方针和程序，是否符合规定和标准，是否有效和经济地使用了资源，是否在实现组织目标。在 2001 年 1 月国际内部审计师协会发布的新版《国际内部审计专业实务框架》中，内部审计的定义是：内部审计是一种独立、客观的确认和咨询活动，旨在增加价值和改善组织的运营。它通过一套系统的、规范的方法，评价并改善风险管理、控制和治理过程的效果，以帮助组织实现其目标。由此可见，现代企业集团内部审计不仅是合规性审计，更是管理导向性审计，以增加内部审计的附加值，帮助企业提升价值。内部审计和国家审计（政府审计）、社会审计（事务所审计、独立审计）并列为三大类审计。

集团内部审计制度是企业集团针对集团总部及各成员企业的内部审计工作制定的准则和办事程序。企业集团内部审计具有监督、控制、评价、服务的职能，是集团控制各成员企业，并为其实现企业价值增值的重要方法。内部审计职能的集中化管理有助于企业集团实行较为简单的标准化审计流程，同时确保集团更加有效地部署内部资源。有调查显示：内部审计职能基本集中或完全集中管理的企业集团占了调查对象的 75%，仅有 1/4 的企业集团采用了分散式或较为分散的内部审计职能体系。大部分国际大型企业集团都选择对其内部审计职能进行集中化管理，这种方式不仅有利于内部审计资源的调动，也增加了内部审计在企业集团内的独立性以及公司董事会对内部审计的管控。

2. 内部审计章程

内部审计章程是开展内部审计工作的"基本法"，它代表了组织最高管理层的有效授权，是内部审计人员开展审计活动的依据，对整个组织都具有约束力。内部审计章程是组织的主要法律文件。

内部审计章程一般由内部审计机构起草，起草的内容要与组织目标和内部审计准则相一致，然后报给高级管理层批准通过。内部审计章程要明确内部审计的目标，限定内部审计的活动边界，界定内部审计活动的内容和方式。

内部审计章程的主要内容如下所述。

（1）宗旨

内部审计机构的宗旨是：通过开展独立、客观的保证与咨询服务，运用系统化和规范化的方法，对内部控制、风险管理和治理过程进行评价，以增加组织价值，提高运作效率，帮助组织实现其目标。

（2）审计机构

审计机构是组织内重要的职能部门，从内部审计的性质来说，应保证内部审计机构的相对独立性。各单位可根据具体情况设立相应的内部审计机构。

（3）权力

在批准的章程范围内，内部审计机构有权审计所有工作，有权接触所有记录、人员和与实施审计工作有关的部门。在提供保证和咨询服务过程中有权与管理层交换意见。有权根据管理层要求，灵活安排审计项目的范围、时间和深度。对发现的重大风险，有权向高级管理层和审计委员会报告。内部审计人员应当独立于其所评价的活动或管理，不应参与任何有可能降低其独立性的活动。

（4）职责

内部审计机构和人员的职责是：按照《职业道德规范》和《内部审计准则》的要求开展审计工作；根据风险大小确定审计的重点和先后次序；在执行审计过程中保持应有的职业谨慎；在提交审计报告之前，应核对事实，征求被审计人员的意见，以便包含不同的资料或观点。

（5）审计人员

审计人员必须熟悉有关法律法规、公司章程；掌握审计、会计相关知识；有一定的会计、管理、审计工作经验，通晓经营管理和相关生产、技术知识；有较强的组织协调、调查研究、综合分析能力；在审计过程中遵守职业道德和专业标准。

（6）术语和说明

对术语的解释有利于内部审计人员有共同的认识，详尽的说明有利于各方的沟通及章程的完整性。

3. 内部审计具体制度

为实现内部审计工作的规范化、制度化，明确审计人员、主审人员、项目负责人、部门负责人的责任，必须制定、完善内部审计控制制度。这些制度包括审计工作制度、质量检查考评制度和责任追究制度。

（1）审计工作制度

审计工作制度是对审计工作过程的规范性要求，要明确各个责任人的具体权力、责任和义务，涉及审计立项制度、人员委派制度、计划编制规定、主审竞聘制度、主审负责制度、外勤工作管理规定、取证注意事项、工作底稿编制复核制度、审计报告编制复核制度、督导制度、重大问题请示报告制度、审计公告制度等。

（2）质量检查考评制度

质量检查考评制度是对正在进行或已经完成的审计业务进行监督、评价，了解审计状况，提高审计质量，是一种事中和事后的监控制度。审计质量的检查可以是企业内部审计部门的自查与互查，也可以是企业内部高层组织的、专门针对内部审计质量的专项检查，还可以是内部审计协会质量检查委员会的外部督促检查。科学考评内部审计质量，应该建立考评指标体系，包括定性指标和定量指标，并将此作为奖惩的基本依据。

（3）责任追究制度

责任追究制度是一种事后补救的质量控制措施，目的在于促使各级内部审计人员明确各自责任，强化责任意识，降低审计风险。实施责任追究制度，在对违规者进行处罚的同时，也对遵循者实施了保护，是确认和解除审计人员审计责任的一种有效机制。

除了上述预算控制制度、财务激励制度和内部审计制度之外，企业集团财务控制制度还包括财务总监委派制度、企业集团资金控制制度等。企业集团通过建立各项财务控制制度，控制和约束各成员企业的财务行为，从而降低各成员企业管理层的逆向选择风险。

4.3 企业集团体制转型的新领域思考

4.3.1 "工匠精神"促发企业集团转型

城市发展的活力一般与该城市主要产业的红利大小相匹配，也需要新旧产业的正常迭代。在经历"十三五"开局年的小考后，国内沿海各大城市也迎来了"一带一路"、《国家创新驱动发展战略纲要》、"长江经济带"等政策利好。目前，对外贸易回暖、港口经济圈扩建等传统红利趋稳，为很多企业集团进行技术革新和转型夯实了基础。同时，更迫切寻求适合沿海城市未来五年发展的新兴产业，加快沿海城市步速，增强发力的新能量源。这既体现在城市新旧产业的宏观布局上，也需落实产业人士对"工匠精神"的进一步汲取、内在沉淀，乃至逐渐地外溢。

《国家创新驱动发展战略纲要》明确提出了类人智能、自然交互、云计算、绿色制造、新材料、合成生物等战略新兴产业，其中，纳米、石墨烯等新材料行业在沿海城市也初现端倪。所以，如何挖掘新兴产业的内生红利，并融入沿海城市发展趋势，已然成为重要课题。不是单纯引进多少高学历团队，或者注册多少高新技术企业，就能表现出某类产业的集群效益，应关注其产业群的边际贡献率。换言之，不将"工匠精神"沉入企业研发指导思想，不以"工匠集群"重新定义现代人力资源，沿海城市新兴产业必然缺乏内生动力，很难持续地释放（或带动）红利。在建设新兴产业链过程中，加快劳动密集型（粗放型）企业模式向技术密集型（集约型）企业模式的转变，其根本是自主核心产品的技术含量比重，而支撑基础是人才群体与沿海城市发展理念的一致性。从"企－人＝止"的传统商业人才观扩大至"人＋人＋人＝众"的城市人才资本定位，沿海城市的创新驱动战略由此有了具备行动务实与理念前沿的双效红利轨道。

再者，根据长尾理论，新兴产业代表着沿海城市经济发展后劲的新方向选择，以及可能带来纵向延伸的市场需求。这不仅仅是沿海城市的企业集团所希望的转变载点，也是衔接外来企业共同形成产业集群的核心要素；而使这链环足够牢固的铆钉，就是工匠精神的沉积。需要明确的是，工匠精神不能做狭义理解，其应代表一种新的工业氛围和人才群工作心态的泛化，直至物化。如 VR 虚拟现实、智能制造、外骨骼、生物新材等已在沿海城市出现的新兴产业，虽然有着预期高额市场回报的爆发力，但是其前提是研发人才、资金设备与时间成本的大量投入，更需要从企业家到一线技术工人共同具备"工匠精神"的统一认知，并引导研产销系统行为。这不能只希望新兴的科技创业企业去实现，如果沿海城市一些大规模制造企业，可以率先重视将工匠精神贯穿于自身企业转型发展中，能带动的行业活力将更快影响整个沿海城市的城市活力。各行业联动，可形成连绵持久的"水晕效应"，也能防止部分城区"制造业空心化"。因此，拥有企业集团优势的传统制造业是发展战略新兴行业的厚实基础，而新兴行业可以对传统制造业转型升级提供不竭的创新反哺。两者红利的形成来源与内涵有所差别，政府政策应在渠道上引导互通互补，减少人才在两者间有序流动的个人红利损失，即保持好"工匠精神"在两者之间的同一性与效率性。

4.3.2 人才是"宁波制造"企业集团成功转型的核心

《中国制造 2025》试点示范城市花落宁波之后，宁波能否汇集一大批中高端人才是"宁波制造"企业集团能否最终实现领跑的关键。

聚才首要在于聚心。宁波人才政策与资源，与同类城市相比不相伯仲。在此条件下，宁波的企业集团要想引进、留住中高端人才，软环境尤为重要，必须将传统单一的人力资源扩大为"金融资本＋社会资本＋科技资本＋社会资本＋人力资本"的资本融合体系，运用宁波已有的社会优势，满足中高端人才的个性化需求，深化宁波市委组织部"妈妈式服务"等人才工作理念，逐步形成"宁波制造"企业集团未来人才的专项政策。企业集团中高端人才大多是理工科背景出身，再加上部分一线的企业运营高管。调研发现这类人才的内在需求主要表现为他们自己的科研或产业成果能否在宁波顺利实现转化；其家属能否顺利融入宁波生活，为他们解除求学、就业等后顾之忧；他们自己在宁波能否获得参与国际前沿研发的资讯的机会并取得成果；其率领的团队能否获得成长扶持待遇等。

从中不难看出，从住房、薪资、职位等传统需求到内在多方位需求的转变，反映了企业集团中高端人才需求的时代变迁。只有较好地满足中高端人才的个性化需求，才能引进、留住他们，实现领跑《中国制造 2025》的目标。具体来说，打造资本融合体系，可以让国内外中高端人才充分了解宁波的城市性格与创业生态，令其认同"宁波帮"海商文化传统，为其未来在宁波安心、安家打下基础。对于持有其他理念或者生活追求的制造业精英，宁波不妨采取"人才众筹"的思路，实现共赢。

另外，企业集团引进、留住中高端人才，必须加大对"宁波制造"知识产权的保护和运营服务力度，逐步推进"智慧成果"向"智慧财产"转变，通过探索科技成果持股创新机制，增强中高端人才在宁波的主人翁意识。

无论是科研创新还是市场竞争，自主知识产权都是核心优势，而转化效率和转化途径则是实现企业集团创新资源商业价值的"钥匙"。在领航《中国制造 2025》的进程中，宁波的企业集团既要鼓励广大企业和人才大胆创新，勇于进取，积极申报更多更高质量的发明专利，同时要加速转化科技成果，避免出现"宝藏深山无人识"的现象。特别是还没申请成功或者不便于申请为专利的商业秘密、商业模式、市场数据等，往往是中小制造企业的核心利器。为此，建议宁波企业集团借鉴美国、新加坡等地的成功经验，在遵循国内法律法规的前提下，尝试制定和推广更灵活、更便捷的创新容错制度。通过"智慧财产"的商业规范，解除新兴制造企业与人才团队的后顾之忧。另外，企业集团依靠良性的产业生态和有前瞻性的人才，打造一流的创业创新环境，把越来越多的国内外制造业精英吸引过来，扩大"宁波制造"的"朋友圈"，为"宁波制造"持续领跑贡献智慧与力量。

4.3.3 企业集团的良性合并是成功转型的关键

2015 年 10 月，《每日经济新闻》等多家媒体，纷纷报道了携程网与去哪儿网两家旅游服务巨头的合并消息，是互联网行业继优酷与土豆、滴滴与快的、大众点评与美团之后再次抛给市场的重大炮弹。这一合并意味着近 70% 的 O2O 旅游市场控制在了新公司及其背后控股的百度手里，或许这些对于正处于资本寒冬的互联网公司来说，资源整合、抱团取暖，不失为一项合理、有效的战略举措。但是，从行业生态和消费者群体权益来说，"小巨头 + 大巨头"的市场模式，会不会带来一些负面影响，应予以更多的关注与思考。

首先，作为上市公司，这些企业巨头的合并过程、合并事务是否完全遵循国内外相关法律法规，是其认真对待消费者（及股民）的基本底线。例如，根据《中华人民共和国反垄断法》第十九条规定，具有下列情形之一的，可以推定经营者具有市场支配地位：一个经营者在相关市场的市场份额达到二分之一的，两个经营者在相关市场的市场份额合计达到三分之二的，三个经营者在相关市场的市场份额合计达到四分之三的等。对于正常的合并本属于企业内部经营战略，但是既然是行业巨头公司，必然会牵涉到前述的市场份额，一动一静皆会影响市场供需和消费者的利益。故在合并过程中应当在政府部门指导下及时向消费者（及股民）公开，做出适宜的解释说明，提高消费者（及股民）的知情权与自我权益保护权。

其次，企业集团的巨头合并战略不应仅仅从自身的利益得失出发，更要充分体现消费者群体的需求趋势和行业变革。在大多数报道中，有这么一句话："受此消息影响，在美上市的 3 家公司股价早盘都有抢眼表现：百度股价走高 6.52%，报 167.88 美元；携程网股价走高 28.71%，报 95.68 美元；去哪儿网股价走高 13.13%，报 44.71 美元。"在大多数报道中体现了百度、携程、去哪儿网在美国股价的上涨字样，从中可以看出目前携程与去哪儿网的合并还是成功见效的。但反过来说，这样的合并让巨头们赚钱了，给消费者带来的实际利好在哪里？众所周知，互联网行业的同质化竞争严峻、烧钱推广等现状，消费者可以从中进行有限的选择和比较，得到实惠。但巨头合并后，是否能保留给消费者原有的利好，还是可能消费者转变成"人为刀俎，我为鱼肉"中的"鱼肉"，而不同的在于"刀俎"可能变得更强大。因此，行业巨头的合并更应具有长远意义，在获得股利回报的同时，多考虑行业变革与消费者的真实心声，才能从根本上、从技术层面增强自身行业的凝聚力，从而使几方都得益。

最后，携程与去哪儿网等企业集团接连合并的现象，一方面说明我国互联网公司运作的逐渐成熟，优胜劣汰，另一方面体现出消费者群体在影响行业趋势走向上的被动与不成熟，所以在推动公司良性合并、发展国内行业领头人的政策支持下，也应将企业集团合并后对消费者的行为变化以及合并前对股民的举措兑现与否，纳入政府监管的视野，或者引入第三方的专业评价体系。如果没有同时培育出扎实成熟的消费者需求基础，再漂亮的合并，都像是"沙滩上堆城堡"，合并得越多、越大，危害隐患就会越深、越严重。只有内外皆顾、积极反哺民众，才能使我国相关行业的巨头们通过合并、收购等战略措施，切实帮助、引导大部分的中小企业共抗寒冬，在国际市场上发出自己的声音。

4.3.4 拥抱区块链技术红利，助力新时代企业集团转型

2018 年 8 月 10 日，深圳国贸旋转餐厅开出全国首张区块链电子发票。这张区块链电子发票是由深圳市税务局主导、腾讯公司提供底层技术和能力所打造的。区别于传统电子发票以及简单的电子发票，此张区块链电子发票将"资金流、发票流"二流合一，将发票开具与线上支付相结合，打通了发票申领、开票、报销、报税全流程，可以有效解决发票流转过程中一票多报、虚报虚抵、真假难验等财务管控难题。由此，区块链技术作为业界热点，已进入应用新时代。区块链技术对于财务管理、金融、法律、贸易物流、人工智能、咨询、医疗保健等行业的影响，使其逐渐显现出模式变革趋势。区块链技术带来的首先是经营思维转化。传统的产业链、供应链布局通过区块链技术，正变成互联网"大产品"开发格局。无论是多人协作，还是个人独立开发，区块链技术的去中心化、保密、无损信用体系、无限复制、瞬时精点等特性，可减少企业累积物质成本，加快产品更新速度和开发维度，突破传统人力资源的物理局限。

从德勤、普华永道等国际知名会计师事务所几年前开始着力引入区块链技术改变记账、尽职调查等传统服务，到目前阿里巴巴、京东、中国银行、中国邮政等大型企业集团都已布局相关产品研发。但是，广大的中小企业面对区块链技术与自身的战略结合，还是有所困惑。适逢《中国制造 2025》"一带一路""大湾区"建设等经济契机，沿海城市的不少企业集团逐渐具备了融合应用区块链技术的"天时地利"，极有可能在全国率先培育出

落地应用的成功范式。不论是跨界还是跨链，信心与趋势对"涉链"企业一样重要，特别是财务服务、电子商务、大数据开发、互联网金融或者物联网类的中小科技团队，更需关注乃至积极接纳区块链技术在自身领域的创新爆点。换言之，区块链技术能有效结合"产品经理""研发经理"与"销售经理"思路于一体，打破沿海城市中小企业中高端人才或者综合性国际团队的缺失瓶颈。

从目前阶段来看，企业集团在谋划结合区块链技术改善财务资本管理或者研发相关产品时，需要走好审慎研判和大胆尝试两步，注意几方面基本问题。例如，须有多人或多方机构参与，可能特定，也可能不特定；认识到开发相应系统算法和代码的难点或者创新点，可以将区块链参与主体不同内心需求也设计为参数，通过企业生产运行和产品用户使用两套算法自动结合，促使参与多方主体都有积极性，保持系统活性；要确保数据在写入前来源确切且内容真实；要注意实施对象的接受度等。并且，要极力避免区块链技术初期引起的"炒币"涨动现象，以免造成部分企业负责人过度的投机心态或者恐惧心态。

积极拥抱新技术的变革红利，不惧暂时的行业冲击，既要明确企业规模、产品方向与其适配性，也要能够把握市场新机，接纳区块链技术、虚拟现实、量子计算服务等已经离相关产业不遥远的前沿技术，实现新时代企业集团从思维到战术的"智能转型"。

4.3.5 充分认识企业集团招聘青年人才的新理念

4.3.5.1 从集团外部招聘青年学子人才

全国青年学子每年都会两次进入毕业求职的高峰季，也是各企业集团招聘新人、储备人才的忙碌时期。寒窗数载，青年学子对职场充满了憧憬与热情，同时需要企业集团的青睐和培养，双方由此应形成良好的职业供需关系。

中职、高校学子虽然已经成年，度过了数年院校生活，但是毕竟还没有经历过"社会大学"的洗礼，很多人对自己能力的盲目自信，或者对自己专业前景缺失信心，或者对社会现象的松懈无戒备，都是可以理解的。不同背景的毕业生对第一次求职的岗位、薪资等的要求不尽相同，但同样的需求就是想获得企业集团的真诚迎纳和合理分工。所以毕业生应当明确自己的求职方向和能力，既不要茫然无序、随遇而安，也不能单一追求大公司、名企业，为此很容易就陷入一些单位的"光鲜广告"陷阱，让自己很被动，浪费了真正能去工作的大好时机和精力。

面对每一年的中职、高校求职大军，企业集团作为人才市场的需求方，总是怀着选择压力，也有着一份优越感。可以说很多毕业生都是将第一份工作作为自己离开象牙塔、离开父母资助的行为象征，这里是其重要的人生阶段。企业集团在招聘通告、面试、录取分配等各个环节，都应明确、真实、合规，将单位自身的优良形象和伦理展现给每一位应聘人员。这个过程也是双方相互了解、建立信任、共同搭乘"友谊小船"的起点。

然而，类似"师徒贷""培训贷"这样的事件，不仅利用了毕业生求职急切的心理，涵盖了恶意的欺瞒、营利成分，也破坏了毕业生对职场的第一份信念。毕业生很可能对就业单位产生猜忌、阴影，这远比"师徒贷"中所谓归还培训费和高达 23.7% 的年利率更难以消除。

由此，对毕业生的求职市场应进一步规范、细化。虽然国家已经颁布了《中华人民共和国劳动法》《中华人民共和国劳动合同法》等相关法规，但是大多法规是维护建立了正式劳动关系的职工。而毕业生在毕业季的实习期、试用期等，因为存在学生身份的重叠，会遇到类似"师徒贷"的现象，就不能通过一些劳动法规进行及时有效的处理。人才是企业集团发展的最核心资源，年轻的毕业生代表着社会和单位的未来发展潜力。只有将企业集团的诚信文化与毕业生的诚信理念相统一，才可能取得多赢结果，使得双方的友谊小船安然前行，驶向成功的彼岸。

4.3.5.2 在集团内部选拔、投资年轻员工团队创业

像谷歌、苹果、阿里巴巴等很多企业集团，都在内部挑选有创意、有技术的年轻员工组成项目团队，给予投资或者渠道资源，进行合作式扶持，逐渐树立了事业合伙人的理念与氛围。这样在财务、人事、文化愿景等方面，企业集团的财务管理和项目控制就需要更加下潜，但有贯穿力。

年轻员工创业很难。不可否认，缺核心技术、缺团队坚定理念、缺充足资金、缺市场开拓经验、缺风险抵抗韧性，这是压在大多数年轻员工创业团队头上的"五指山"。每早发完传单后互相鼓励的击掌，每晚对策略争吵后的开心大笑，并不能抵过年轻员工创业的高失败率。面对现实，更要面对自己内心的恐惧与追索。

年轻员工创业很酷。年轻人最宝贵也最值钱的，就是青春无敌。不需要去梳理复杂的人际关系，也不需要应对老气横秋的"大企业病"，轻松上阵。遇到阻隔或失利，微微一笑，潇洒变身。拥有时间的最大优势资源，能够克服"不懂事"的成本劣势，输得心安，也赚得舒爽。管他身边的团队生生死死，做好每一单，积累好每一个客户，很可能就是自己一辈子的信心资产或者价值网络。

年轻员工创业很嗨。无论是北京大学硕士张天一"伏牛堂"米粉、浙江宁波"鸡木"连锁鸡排店，还是诺丁汉大学学生陈贝尔带领的视客 VR 体验店团队（入选福布斯 2018 年中国"30 位 30 岁以下精英"榜单），各行各业的精英先后呈现。"拳怕少壮""英雄莫问出处"，给无悔创业的年轻员工一份理解与支持。玩得转，玩得嗨，创业与兴趣相结合，产品品牌与最接地气的消费融合在一起，就是这一年代年轻员工的法宝。政府部门的正确扶持与资本机构的良性引导，给年轻员工的创业提供了保障。

专题五　企业集团财务风险管理体系研究及构建

5.1　我国企业集团财务风险管理现状及成因分析

5.1.1　我国企业集团财务风险管理现状

5.1.1.1　财务风险管理的思维问题

财务风险作为企业日常运作过程中的一大不确定因素，在企业的各个环节都是潜在的，不管是重大的财务决策，还是普通的财务行为，都可能隐藏着影响企业财务目标实现的因素。那些看似会给企业带来一片光明和丰厚利润的各类投资项目，大部分企业都似乎只看到了项目表面所带来的利益，而忽略了背后所隐藏着的财务威胁。有的企业集团虽然具有一定的财务风险意识，但往往对企业可能面临的财务风险缺少系统性的思考和分析，通常会在欠缺考虑集团所需资金成本和自身能够承受的偿债能力之下，便盲目地进行多头举债融资，在中途或者是半途的时候，往往会因为资金的紧缺问题而最终致使项目不了了之。这样的话，就很容易造成公司或者集团拖欠巨债的情况，甚至会导致拿新债去抵旧债的恶性循环。有些企业集团虽然资金结构合理，资金也较为充裕，但由于缺少财务风险意识，或虽然意识到要对财务风险进行规避，却缺少对规避财务风险的系统性思考，导致其不能充分预见和管理资金运用过程中的风险，给集团带来损失。利润存在的同时，往往风险也是存在的，如果对财务风险不能有一个系统性的思考，便会导致企业在经济方面遭受一定的威胁，严重的时候很有可能会超过企业本身的负荷，那样很容易使企业或者集团在瞬间被瓦解掉。

当下是一个市场经济竞争相当激烈的时代，如果企业想要一直发展下去的话，必须懂得不应该只顾眼前利益而忽略长远计划，不应该在不思索本身偿债能力的情况下盲目地融债投资，也不应该在投资之后对其不闻不问，任其自生自灭，而是应该向前看，懂得如何让企业步入可持续发展道路。另外应提高企业自身的财务危机意识，加强对财务风险的系统性思考。在扩大规模方面也应当严谨，拥有一定的风险控制能力，让企业或者集团有一个良好的投资发展计划，从而进行分时间段的有效投资，使项目在企业或集团的可控制范围内顺利地进行，最后带动企业或者集团的整体发展。

5.1.1.2 财务风险管理人才问题

企业集团作为大型公司组织形式，由于规模庞大，财务风险对其稳定运行具有至关重要的作用。企业集团要想有效地躲避这些财务风险，必须拥有专业的财务风险管理人才，从各个层面对其进行预防和控制。由于现代市场活动的复杂性和专业性都空前提高，企业集团往往只有通过专业的集团财务风险管理人才才能够准确地辨别和判断财务风险的症结所在，并采取恰当的措施来及时防范和控制该风险，实现企业集团的健康发展。所以一个企业或者集团想要提高自身的风险管理能力，也需要高素质风险管理人才的辅助，因此一些具备高风险意识能力的人才都是企业或者集团所必需的。在企业集团风险管理这一块，我国开展得较晚，所以在大学教育体系中和一些企业管理培训班之类的实务培训中，针对此方面开展的教育和培训是不够完备的，致使当企业集团急需风险管理人才时，风险管理人才资源相当地紧缺，最终导致企业集团的风险管理能力依然得不到很好地发展和提升。

现代风险管理作为一种新兴学科，是一种技术性相当强且具有超强综合性的学科。它涉及的学科相当地广泛，比如数学、经济学、管理学、系统学与控制论等。平时，这些学科掌握起来也有很大的难度，而其中的部分学科可能还需要十分精通。防范和处置财务风险，除了需要管理人员具备专业的知识技能，还需要其在实践中能够不断地积累和丰富经验，具备较强的全局控制能力和应变处置能力。所以，高素质的风险管理人才对于企业发展来说至为关键。当前我国的高等教育虽然已经发展十分迅速，但是在财务风险管理人才的培养上还存在很大的问题，很多财务专业的学生并不能有效地掌握财务风险的管理方法及相应的预防控制理论，也缺少实践锻炼，导致无法满足企业集团日益增长的人才需要。为了促使企业集团在风险管理方面得到有条不紊地发展，企业集团平常就应该多多注意人力资源的开发和利用。

5.1.1.3 财务风险监控问题

当下，监控不力、集团内部人员控制倾向严重都是企业集团中普遍存在的问题。企业集团由于规模庞大，组织体系层级多，结构复杂，为了有效地进行整体管理，往往存在多层委托代理关系，从而形成一个相对庞大的管理层。为了避免道德风险，通常按照法律规定设置不同级别和层次的监控机构，采取相应的监控措施，如监事会、审计委员会等。首先，监事会的主要工作职责是监督集团的董事，从而确保董事们的行为能够保障股东的权益。虽然监事会在《中华人民共和国公司法》中被赋予了很高的地位，但是在现实中，其期望值根本无法达到立法所赋予的权利和地位。因为在现实企业集团的治理中，监事会并没有起到相应的监督董事的作用。监事会部门成员缺乏独立能力，最后致使监事会的监督作用也仅仅是纸上谈兵。其次，直接隶属于董事会的审计委员会，是一个主要由非执行董事组成的专业委员会，目的是强化审计工作的独立性，充分发挥对经营管理层的监督和控制作用。但在我国，由于董事和管理层普遍存在交叉任职的现象，特别是在企业集团的子公司中，普遍存在管理层利用交叉任职形成的内部人控制的现象，监督职能得不到有效落实。除此之外，企业集团采取向全资子公司派驻财务总监的方式对子公司的财务活动实施监督，或通过董事会和监事会对非全资子公司进行监控，也存在一定的不足。由于财务总监实际上不是子公司的经营者阶层，另外风险控制制度也存在着相当的缺陷，风险控制制度落实不到位，导致监督者掌握不好集团资金总体情况的全面信息和解决方案，那么公司财务资金的变动情况就很难及时把握，因此想要发挥监督和控制作用也存在着一定的难度，尤其是一些企业集团没有资产损失责任追究制度，在财经法律方面也不够健全，导致企业集团财务危机很容易发生。

一些企业集团之所以会发生重大财务损失事件，很大程度上是因为对财务风险监控掌握不当。因此，为了解决企业集团财务管理方面的风险，必须建立一套相当特别的系统来充分地发挥其所具备的职能作用。不仅应该设置一套相对独立的组织机构，还应当创建一系列完整、系统、强有力的风险监控制度，并且保证制度的有效实施，才可以保障企业内部监控系统的有效运行。

5.1.1.4 信用管理机制问题

当前诸多企业集团为了能够在激烈的市场竞争中生存和发展，不断地进行市场扩张，在产品销售中广泛存在赊销的方式，这虽然在一定程度上能够促进市场份额的提升，但是伴随着重大的资金回收风险，一旦客户缺乏信用风险，极有可能导致产品坏账风险，直接威胁企业的现金流。另外在企业集团进行赊销产品的过程中，客户信息管理系统存在的缺失情况，致使企业集团对客户资源状况的掌握无法全面，在缺乏对客户信用的准确判断的情况下，容易导致应收款方面的失控。从表面上来看利润是存在的，但是在实际情况中资金根本无法正常进行运转。长此下去，便会造成大量的应收款难以收回的后果，最后致使应收款变成了呆账、坏账甚至是死账，造成企业集团资金紧缺，最终步入销售和回款进退两难的处境，加深集团的财务风险。

和很多西方跨国企业集团相比，我国企业集团在信用管理方面缺少经验，而又面临不成熟的市场经济环境，导致信用风险不断积聚。企业集团应该强化客户信用管理，构建切实可行的应收账款风险管理机制，及时评估客户的财务状况和资信状况，紧密跟踪应收账款的还款情况，合理制定收款政策，适时采取措施控制风险，减少因客户信用管理机制的软化给集团带来的经济损失。

5.1.2 我国企业集团财务风险成因分析

5.1.2.1 财务风险内部因素分析

1. 企业集团多元化发展战略导致的财务风险

从当前企业的发展战略来看，企业发展壮大的途径主要有多元化发展战略和专业化发展战略，这两种战略各有优势和不足。从理论上来说，多元化发展战略能够帮助企业分散经营风险，并能够拓展市场领域。但前提是企业集团必须具有一套能够超越公司具体业务的总体策略，通过对公司进行未来远景和总体的控制形成具有较强的组织学习能力和创造力的核心竞争力，以推动公司业务开展。企业如果在自身不熟悉的领域盲目地开展多元化经营，由于难以适应和把握不同行业的经营环境和经营特点，往往会面临巨大的运营风险。或者如果企业盲目地以市场风气为导向进行多元化扩张，一旦市场环境发生变化或国家产业政策出现大的调整，企业就会面临严重的市场风险。目前国内企业集团热衷于进行非相关多元化扩张，谋求新的利润增长机会，但在自身不具备多行业同时经营能力的情况下，很容易分散和耗费企业集团自身资源，不仅无法适应非相关行业的市场竞争，而且制约了集团自身主业的深度经营，反而加大了企业的财务风险和经营风险。

2. 资金短缺给企业集团发展带来的影响

企业集团在发展过程中，随着业务拓展速度的加快、战线的拉长，企业集团将逐渐面临资金链日益紧绷的局面。一般来讲，企业的营运资金规模的会随着经营规模的扩充而增大，但营运资金的增长速度快过销售增长的速度，就意味着企业的经营效率的下降。一旦企业开始进行多元化投资，要是业务之间呈现关联度不紧密的状况，就很容易导致营运资金使用效率的下降，直接表现为销售收入增加，而应收账款和存货也增加。

3. 法人治理结构不完善

从治理结构的角度来看，企业集团在成为集团的过程中，往往是通过投资控股、兼并、收购子公司而形成的，在获得对子公司的控制权之后，通过向子公司派遣董事会成员、委任高级管理人员，对子公司实现管理掌控。母公司通过它向子公司董事会派出的董事、高层管理人员来对子公司施加影响，并不直接干涉子公司的具体经营活动。母公司在整个集团的分工上主要专注于进行股权投资管理和企业集团的资本经营和投资策划，而在董事会的领导下，子公司只要做好自身的生产经营活动管理。由于投资者与经营者在目标上面的差异，投资者追求的是企业价值的最大化，经营者追求的是短期内的经营效果，以实现会计账面的"利润最大化"为预期目标，而投资者往往没法对经营者的活动进行全方位的监督，导致彼此之间出现信息不对称的情况，董事会权力甚至会在事实上被架空，经理人利用手中掌握的实质性经营管理控制权，借助信息不对称优势，谋求自身的内部控制利益，如目标次优化选择、转移财富、过度消费等，其结果必然会损害投资者的权益资本，形成财务风险。

5.1.2.2 财务风险外部因素分析

1. 外部宏观环境变化频繁带来的财务风险

随着当前世界经济的一体化趋势，企业所处的外部宏观环境面临着更多的不确定性。在此背景下，企业集团财务管理系统也往往不能有效地适应宏观环境的变化，这是构成企业集团财务风险的外部原因。持续的通货膨胀会带来企业资金供给的持续短缺和资金成本的持续升高。企业的预估运营成本，有时也会超标，比如在世界原油价格上涨导致成品油价格和运输费用也上涨的情况下，企业的利润不仅没有提升反而下降，在原先预估的利益无法达标的情况下，利率风险在利率变动的情况下也产生了，比如支付利息过多的风险，投资发生亏损的风险以及不能按期偿还债务的风险等，财务风险在市场风险因素发生变化时也会受到影响。

财务管理面临的环境复杂、多变，外部环境的变化对于企业集团来说，既是机遇又是威胁，只要能够合理地把握机遇、顺利地避开威胁，企业集团就能够稳定发展。企业集团的财务管理体系如果不能适应外部环境的复杂变化，必然会给企业带来运营困难。另外，由于机构设置不是非常合理，管理人员的素质并不是很高，财务管理规章制度并不健全，管理基础工作不到位等原因，致使很多企业的财务管理并不具备很强的适应能力和应变能力，企业对外部环境的变化因此难以进行有效的预测和应对，对财务风险的反应也往往滞后，很容易导致企业采取不当的措施。

2. 商品市场供求状况变化与企业经济行为的时间差异

市场供求变化具有很大的不确定性，企业需要根据市场变化的现实情况，随时对市场的变动和未来可能的变化趋势做出判断，并迅速采取相应的措施。但由于种种原因，企业一方面很难准确地把握市场的精确变化，另一方面对于市场变化很难以"零时差"的速度做出快速反应。企业受自身判断能力和经验、视角的限制，所做出的决策很可能与市场变化的实际情况存在较大差异。此外，由于企业对市场变动的反应存在一定的时间差，由此也相应产生一定的风险。但从另一个方面讲，时间差的存在并不一定完全是坏事，企业在运营中虽然不能完全消除时间差的存在，却能够尽量精确地把握时间差，在经济行为调整上做文章，尽量减少财务风险。

5.2 企业集团财务风险管理体系构建

5.2.1 财务风险识别体系的构建

财务风险是指公司财务结构不合理或融资行为不当使公司可能无法偿还债务而导致投资者预期收益下降或蒙受经济损失的风险。财务风险是任何企业集团在财务管理过程中都必须面对的一个现实问题，是客观存在于企业的整个经营活动过程中的一个问题。财务风险不可能完全消除，只能依靠采取一定的措施来加以防范和控制。所以，企业应重视对财务风险的管理，提高企业的整体风险意识，增强企业抵抗财务风险的能力。为了有效保证财务风险的识别，企业应营造良好、健全的风险管理文化氛围，培养全体员工的风险管理意识，注重财务风险管理人才的引进与培训，采用科学的方法和合理的指标体系来识别具体的财务风险，构建适合企业实际情况的风险预警模型。

5.2.1.1 财务风险识别的基础

企业财务风险管理要实现高效运转，有赖于企业集团各层次的整体参与和完善的集团制度的支撑。企业集团应努力加强企业员工的财务风险意识教育，培养职工的风险管理理念，通过规范的风险教育把风险管理理念渗透到每个部门和每个业务流程，培养全体员工对风险的敏感性，最大限度地提高全体员工风险管理的主动性，塑造全体员工风险管理的文化氛围。同时，企业集团管理层应注重加强企业风险制度文化的建设，完善制度基础，加强制度防控。

1. 建立具有风险意识的高级管理团队

企业文化的最初载体是企业的高层管理者。以高层管理者为代表的企业风险意识文化需要高级管理团队分解，需要依靠高级管理团队对员工进行引导，并带领集团员工落实到实践中，激发员工改善企业风险管理文化的主动性。一支具有风险意识的高级管理团队能够更好地引导每个员工都像风险管理者一样思考，例如对一线管理人员进行财务风险影响方面的培训能够帮助他们了解这些风险将如何影响公司的财务报表。

在财务风险管理人才的培养方面，企业应坚持"引进来和走出去"的策略。一方面营造人才成长的良好环境，积极引进高层次人才，保持风险管理人才队伍的良好素质，侧重挑选具有风险管理能力的人员，以充实风险管理队伍；另一方面可以选择与知名大学进行合作，加大对风险管理人员的选拔和培养力度，通过在岗培训使风险管理人员学习先进的风险管理理论，熟练掌握风险管理技术，建立高素质、复合型的风险管理队伍。

2. 建立激励约束机制，发展风险管理文化

建立激励约束机制和发展风险管理文化是风险管理的两个方面，激励约束机制是硬约束，风险管理文化是软约束，同时是催生风险管理内生机制的一个重要因素。激励约束机制主要用来解决委托代理问题。通过优化资本结构来降低代理成本，如通过限制性协议来避免潜在冲突；通过债务筹资或偿债基金来执行监督功能，降低代理成本；建立合理的代理人报酬激励机制等。发展风险管理文化，则是要通过培养员工的风险观、风险管理意识和风险管理职业道德，把风险管理的意识和责任细化和落实到每个业务部门和每个工作环节，并内化为集团员工的工作态度和职业习惯，最大限度地发挥每一个员工在风险管理方面的能动性，从而在知识、制度和精神等不同层面构筑起一个完整的风险管理体系，提高风险管理的效率，为风险管理文化的发展奠定基础。

3. 构建具有风险管理能力的组织结构

建立企业风险管理文化，一方面要注重发挥企业内控部门的作用，另一方面要注重根据各部门的责权分配赋予相应的风险；要构建完整的组织架构、基础设施及内部流程，在岗位设计上做到权责对等；还要注意根据风险变动而灵活变动相应的组织结构，如成立投资组合监督部门或战略风险管理部门，在宏观层面上进行压力测试及集中性分析，并推行必要的变革。

4. 风险识别注意力应集中在市场

市场是企业财务风险的来源，也是企业财务风险最终暴露的地方。企业风险管理部门要集中精力关注市场的变化：监测市场的波动状况，迅速准确地判断财务风险发生的可能性；对市场环境进行分析，以便找到分散财务风险的有效途径；综合权衡企业财力，并估计风险可能造成的损失，以便做出总体判断。

5. 风险识别要有金融上的远见

财务风险最终的表现都是资不抵债，企业在偿还债务的时候只能使用企业的现金或者能转换成现金的财产物资。企业的现金流一旦发生问题，往往需要付出很大的代价。所以风险管理在金融上要有远见，要"现金为王"，要量"存"为出。企业要构建优秀的风险管理，其中重要的一条内容就是在任何时候都要重视现金流管理，从企业经营、投资、筹资及企业整体运营的角度实现现金流的战略管理，加强对金融衍生工具的财务风险控制，同时扬长避短，更好地利用期货、期权、远期合约及掉期合约等金融衍生产品，合理地套期保值，规避财务风险。

5.2.1.2　财务风险识别的定性、定量分析

企业财务风险的识别是企业防范财务风险的首要环节。通过正确地判断和识别企业面临的各种财务风险，确定财务风险发生的概率及损失程度，才能为防范财务风险提供有价

值、有意义的依据，促使相关人员做出及时、正确的决策。一般来说，识别财务风险要在具体分析企业所处宏观和微观经济环境的基础上，从定性和定量两个方面来剖析企业财务活动中存在的各种不确定性及其对企业未来预期收益的影响。

1. 财务风险识别的定性分析

定性分析顾名思义就是对研究对象进行"质"的方面的分析。通过分析企业是否存在可能导致财务风险的因素和是否出现了财务风险的征兆，来判断企业在未来一段时期内财务风险发生的可能性及可能性的大小。主要方法有以下两种。

①德尔菲法。德尔菲法是在专家个人判断和专家会商的基础上发展起来的一种直观预测法，它采用函询条差的方法，向熟悉某一特定领域的专家提出咨询，专家单独、匿名表达各自的意见，经过反复几轮的征询并采用统计方法进行汇总，使专家意见趋于一致，以期做出符合客观情况发展的结论。

②价值链分析法。价值链分析法是一种动态的分析方法。按照哈佛商学院教授迈克尔·波特的观点，企业的价值创造是由企业间互不相同但又密切联系的经济活动的总和构成的一个动态过程。企业在创造价值的过程中，价值链各环节之间的互动和价值链与外部环境之间的互动，相应地为财务风险提供了传导路径。与此同时，由于价值链的运动有其内在的规律，相应地也给识别财务风险提供了可循的规律。价值链各环节存在的风险因素既相互独立又相互关联，既有各自特定的运行轨迹，又会在特定条件下向其他环节或链条转移。在风险未能得到及时、有效控制的条件下，还会沿着价值链方向加速扩散。通过对价值链各个阶段、各个环节进行逐一分析，根据其内在的逻辑关系，以动态的眼光对风险进行梳理，可以有效地识别和判断财务风险。

2. 财务风险识别的定量分析

定量分析是基于研究对象的数量特征、数量关系与数量变化的分析。财务风险识别的定量分析，主要有单变量风险判定分析和多元线性风险评价分析两种方法。单变量风险判定分析是指通过单个财务比率指标的走势变化来判别财务风险，这种方法虽然在操作上简单易行，但是由于所使用的变量过于单一，在财务风险复杂多变的情况下，单变量风险判定分析不能全面、准确和有效地反映企业财务状况和预测财务风险。对于运营结构复杂的企业集团而言，更多地需要采用多元线性风险评价分析方法来识别财务风险。

所谓多元线性风险评价分析方法，是指运用统计学方法，对两个或两个以上的自变量与因变量进行相关分析，建立预测模型进行风险识别的方法。多元线性风险评价分析方法比较典型的是 Z-score 模型。这一模型由美国金融经济学家阿特曼提出，采用净营运资金／总资产、留存收益／总资产、息税前收益／总资产、权益市价／总负债、销售收入／总资产这五项财务指标，根据各项指标对财务危机警示作用的大小，分别给予不同的权重，最后进行加权得到一个综合值，即 Z 值。将 Z 值与临界值对比，就可判断公司是否面临财务风险以及风险的严重程度。

除此之外，还应考虑财务指标与财务风险发生的概率之间呈现非线性关系的情况，即应采用多元非线性回归分析的方法来识别财务风险。一般较多采用的是 Logistic 函数。

5.2.1.3 构建财务风险预警机制

财务风险预警机制主要是以财务会计信息资料为基础，以计算、统计、分析、监控等方法为手段，设置预警指标，观察这些指标的变化，对企业可能或者将要面临的财务风险进行实时监控，并在风险转化为危机之前向企业经营者发出示警，以促使经营者及时采取有效措施防范和化解财务风险。财务风险预警机制最主要的作用在于其预测性，一是过程监视，即对预测对象的活动过程进行全过程监视，对预测对象同企业其他活动环节（包括外部环境）的关系状态进行监视；二是对大量的预测信息进行处理。当危害企业的财务关键因素出现时，预先发出警讯，以便经营者及时提出解决对策。

一般来说，企业集团财务风险预警机制可由四个部分构成。一是预警的组织机制。组织机制的主要任务是使预警分析工作经常化、持续化，保证预警分析功能得到正常、充分的发挥。组织机构的成员可由企业经营者及企业内部熟悉管理业务、具有经营管理知识和技术的管理人员组成，同时要聘请一定数量的企业外部管理咨询专家。二是财务信息收集、传递机制。它的主要任务是对大量资料进行系统分析，抓住每一个相关的财务风险征兆。主要资料包括内部数据和相关外部市场、行业等数据。三是财务风险分析机制。要建立高效的财务风险分析机制，通过分析迅速排除对财务影响小的风险，从而将主要精力放在有可能造成重大影响的风险上。经过重点分析，查找出风险形成的原因，评估其可能造成的损失。四是财务风险处理机制。在财务风险分析清楚后，就应立即制定相应的预防、转化措施，尽可能减少风险带来的损失。企业财务风险预警制度若要能够有效运作，就必须要有正确、及时且合乎企业所需要的各种管理咨询系统，提供及时而完整的经营结果数据，供经营者及各部门负责人以实际经营状况数据来与财务指标数据相比较。当有超出或低于指标数据的情形发生时，就表示企业财务状况将有不健全的症状产生，经营者应及早依数据所代表的经营内涵做进一步深入研判，找出蛛丝马迹、对症下药，以防财务恶化。具体来说，可包括以下几个方面。

1. 资金链监控

如何监控企业集团资金链，预先判断企业集团是否会出现资金链断裂的情况，一直是一个难题。对于资金链的监控，主要考虑以下几个因素：一是企业集团会不会发生资金链断裂，二是企业集团是否存在长期性资金缺口，三是企业集团是否存在经营性资金缺口。主要可通过财务弹性指标来进行判断。

2. 合理负债规模和资金需求

合理的负债规模，对于企业健康发展至关重要。但什么样的规模才是合理的，在现实中很难准确判定。而企业负债一旦超出合理规模，又容易给企业带来致命危险。所以准确计算合理负债规模和企业集团当前经营活动的正常资金需求,在适当的时候及时做出预警,也是构建风险预警机制的重要组成部分,主要是根据企业资产负债结构、盈利水平和资金周转速度的变化,及财务报表所反映的经营情况,对一定时期内合理负债规模和资金需求数量做出估计。可通过财务弹性指标和偿债能力指标,如流动比率和资产负债率等来判断。

3. 异常波动预警和表外风险预警

异常波动预警主要是从历史变化、行业比较、表中数据关系三个方面对异常变化进行提示,主要是对过快下降、过快增长和亏损可能性进行重点提示。同时,一些集团公司及其下属单位,通常大量存在着担保、诉讼、抵押贷款等表外风险。有时一个财务状况良好的二级单位,忽然之间负债大量增加,发生资金链断裂,一个主要的原因是表外或有负债变成了实际负债,表外项目变成了表内数据。担保、抵押等表外项目风险的突发性常常令人措手不及。合理测量或有负债风险,将表外风险定量化,就需要将表外重大项目或有负债纳入表内核算,使转化后的报表数据能够反映表外项目的风险,从而能够更加有效地进行各个方面的风险预警。

5.2.2 财务风险度量体系的构建

5.2.2.1 企业集团财务风险的度量方法

企业集团财务风险度量是指在财务风险识别的基础上,采用一定的技术方法,对各种财务风险进行确定、量化的过程。企业集团财务风险度量的主要方法有以下几种。

1. 杠杆分析法

杠杆分析法是通过对经营杠杆系数(DOL)、财务杠杆系数(DFL)和总杠杆系数(DTL)的分析来衡量企业经营风险、筹资风险和财务总风险的大小及杠杆利益水平的高低。杠杆系数越大,企业面临的财务风险也越大,反之则财务风险越小。以财务杠杆系数为例,其计算公式为:

$$DFL = \frac{EBIT}{(EBIT - I)}$$

其中,I 为利息,EBIT 为息税前利润。或者:

$$DFL = \frac{EBIT}{EBIT - I - \frac{PD}{(1-T)}}$$

其中,PD 为优先股股利。DFL 的值越大,筹资风险越大,财务风险也就越大。

2. 资产定价模型法

在企业财务风险的度量方法中，有一种方法是概率分析法，主要是运用概率论和数理统计的理论与方法对企业的财务风险进行度量。资产定价模型法（CAPM），则是对概率分析法的进一步改进。在 CAPM 模型中，使用了系数来反映企业承担财务风险的大小，系数越大，则财务风险越大。

除此之外，还可运用风险价值度量法、风险率度量法等不同方法对企业集团的财务风险进行度量。在这里就不多阐述了。

5.2.2.2 财务风险度量方法的应用和选择

应该说，度量企业集团财务风险的方法有很多，上面所提及的只是应用较为广泛的两种。即便在上述两种方法中，也还有着不同的衍变和分支。不同的财务风险度量方法，利弊不同，目的和设计角度不同，因而也有着不同的适用范围。概率分析法是财务风险度量的基本方法，资产定价法是由概率分析法演进而来的。但是在具体的操作中，由于对经济业务的概率分布确定较难，大多概率分布主要是依靠经验来判断的，因而具有一定的主观性。杠杆分析法可以直接根据企业的财务报表进行财务风险的分析和度量，所以较为直观明了，而且能从整体的角度来对企业财务风险进行衡量，还能在同行业之间进行分析比较，因此在企业财务风险的度量中被广泛应用。资产定价模型法把企业的风险和报酬紧密联系在一起，能够反映财务风险和资本结构之间的内在联系，风险度量具有较强的科学依据。但是由于它需要建立在一系列严格假设的基础上，所以理论性较强而实用性稍显不足。但对于统计基础比较好、统计数据资料比较充实、齐全的大型企业集团而言，CAPM 模型是比较适用的。

企业集团在选择财务风险的度量方法时，要充分考虑不同度量方法的利弊和适用性，结合企业集团自身实际情况，选择合适的财务风险度量方法，构建科学合理的风险度量指标体系，从而有效地进行风险测度。

5.2.3 财务风险控制体系的构建

随着经济全球化程度的加深，企业面临的内外部环境都更为复杂，各类风险纷至沓来。有效地进行财务风险控制，是进行风险管理的核心和主要环节，也是实现企业集团良好治理的重要基础。企业集团要在财务风险有效识别、科学度量的基础上，构建完整的财务风险控制体系。

5.2.3.1 构建科学的公司财务治理机制

财务治理是公司治理的重要组成部分，一个良好的财务治理机制对于有效控制财务风险是不可或缺的。财务治理的实质是对企业财权的合理划分和配置，通过合理划分和配置企业财权，实现企业集团财务决策科学化，提高企业集团治理效率，确保财务目标的实现。财务治理机制主要包括财务决策机制、财务激励机制和财务约束机制。

1. 财务决策机制

财务决策机制是财务治理机制中最基础、最重要的机制。由于企业集团的规模一般很大，产权结构较为分散，对决策层财务决策能力的要求很高，财务决策必须做到依据充分、程序完善、方式科学。股东会、董事会、监事会和经理人员须合理划分各自的权、责、利界区，依靠不同利益主体之间的权利制衡来提高财务决策的民主化和科学化程度，确保财务制度的有效运行。要按照财务决策的信息需要，建立基于各类财务信息和非财务信息的财务决策支持系统，提高决策质量，改进决策结果。

2. 财务激励机制

财务激励机制是指采取一定的财务激励手段，协调企业集团各利益主体之间的利益关系，激发各利益主体对共同财务目标的认同感和实现目标的积极性。企业集团的利益主体构成十分广泛，各自的利益需求不同，必须充分利用各种激励要素并使其成为一个有机整体，才能实现财务的有效治理。要建立合理的考评与利益分配机制，充分调动各利益主体的积极性。要注重对经营者的权利激励，同时要注重精神层面的激励。

3. 财务约束机制

财务约束机制是指对财务治理主体的行为采取一定的措施给予制约和制衡，以使企业财务在各种约束条件下实现自我控制和自我制衡，主要包括内部约束和外部约束两个方面。内部约束是一种自我制衡，要建立健全企业集团的经济责任制，完善企业集团内部管理制度体系，强化预算约束和风险约束。外部约束则主要有法律约束、道德约束、经济约束等。

5.2.3.2 构建全面预算管理制度

全面预算管理是指，把企业集团生产经营过程中的所有收支全部纳入预算管理，并实施业绩考核。财务预算管理作为一项重要的管理工具，对管理者进行计划、协调、控制和业绩评价起到至关重要的作用，也是建立财务风险控制系统的关键环节。企业进行财务风险管理所要控制的，就是实际财务状况与财务目标的偏离程度。全面预算管理制度的构建要与财务风险控制系统有效地结合起来，利用财务风险控制系统的功能，及时地对超过预算的情况进行报警，达到提高财务预算管理水平、使企业财务管理有效运行的目的。

实施全面预算管理，一要准确编制现金流量预算，使企业能及时、准确地预测和了解现金流量情况，确保风险可控；二要合理安排资本结构，正确把握企业负债的量与度，合理控制财务杠杆的副作用，精确权衡财务风险和资金成本的关系，确保财务结构平衡；三要建立全面预算评估报告制度，定期对企业集团财务风险进行评估，对变动异常的指标进行专项分析，对处于预警区或危机区的指标给予重点关注，并及时提出可采取的相应措施；四要建立企业对外担保管理制度，严格控制对外担保，并按照法律法规的有关规定，严格审查被担保单位的偿债能力和信用程度，最大限度地减少对外担保的或有负债风险。

5.2.3.3 构建集团资金统一结算平台

企业集团由于资产多、规模大、子公司分散，现金流参差不齐，往往容易造成集团各子公司沉淀大量资金，而部分子公司又面临资金紧缺的情况，导致资金闲置浪费和使用效率不高。通过建立资金统一结算平台，加强企业集团对各下属公司资金的宏观调控，盘活存量资金，调剂资金余缺，有利于加速资金周转，降低财务成本和资金风险，促进资源的优化配置。

企业集团资金统一结算平台，主要通过收支两条线来实现集团资金的高度集中管理。所谓收支两条线管理就是把各子公司的资金收入全部集中到集团总部，各子公司所需的各种资金支出则全部由集团总部另行下拨。收支两条线管理的基本原则是企业的资金收入和资金支出分开。整个集团的资金全部归集到集团总部，在集团总部设立专职部门对资金进行统一调度、管理、运用和监控。资金统一结算平台对各子公司的贷款需求实行统贷统还，各子公司不再单独向银行贷款，可以有效地降低银行贷款的数额，降低财务费用和资金风险。各子公司之间的内部往来结算由资金统一结算平台通过"走账不走钱"的方式进行内部结算，可以极大地降低整个企业集团的现金需求量。各子公司可以向资金统一结算平台进行内部存款、内部借款和还款，实行有偿存贷，有效地保障了各子公司的资金权益，提高了资金使用效益。

5.3　企业集团财务风险管理机制

现代财务是指企业生产经营过程中的财务活动（财务价值角度）及其所形成的特定的财务关系（财务权力角度）。然而，传统财务理论的研究框架和思路基本上遵循的是新古典经济学的研究范式，把企业作为一个追求利润最大化和成本最小化的整体，将制度和结构假定为既定，侧重从数量层面对财务的经济属性进行分析，没有把制度纳入财务行为的解释框架，轻视对财务社会属性的研究。新制度经济学告诉我们，一个节省交易成本的制度安排、制度框架和制度创新是至关重要的。特别是随着现代企业制度的建立（两权分离），企业内部形成了多环节、多层次的委托代理关系，这就需要建立一系列机制来协调各方利益，抑制个体的"机会主义"倾向，使个体理性尽量服从集体理性。

财务风险管理要想有效、有序地进行，必须以有效监控制度为保证，所以需要建立财务风险的一系列监控制度，主要包括财务预算管理机制、激励约束机制、财务风险预警机制、内部审计管理机制、资金集中管理机制等。

5.3.1 财务预算管理机制

财务预算是在预测和决策的基础上，围绕企业战略目标，对一定时期内企业资金的取得和投放、企业经营成果及其分配等资金运作所做的具体安排，包括预算编制、预算调整和预算执行与考核。国务院国有资产监督管理委员会宣布《中央企业财务预算管理暂行办法》自 2007 年 6 月 25 日起施行。因此，企业集团应当建立财务预算管理制度，组织开展内部财务预算编制、执行、监督和考核工作，完善财务预算工作体系，推进实施全面预算管理；企业应当在规定的时间内按照国家财务会计制度规定和母公司财务监督工作有关要求，以统一的编制口径、报表格式和编报规范，向母公司报送年度财务预算报告；母公司依据《中央企业财务预算管理暂行办法》对子公司财务预算编制、报告及执行工作进行监督管理，督促和引导子公司切实建立以预算目标为中心的各级责任体系。财务预算管理由集团公司组织实施和管理，实施对象包括集团本部、集团下属企业以及集团下属企业的全资及控股子公司。集团公司应该充分重视预算的编制工作，建立预算管理制度。因为好的预算编制能给未来执行预算提供更明确的指南，并减少执行与考核的不同利益团体的利益摩擦，从而降低财务风险。

1. 预算管理的目标

预算管理的拟实现的目标包括：通过全面地综合、协调、规划集团公司内部各部门（单位）、各层次的经济关系与职能，使之统一服从于集团公司经营目标的要求，并使决策目标具体化、系统化、定量化，明确规定各有关部门、有关人员各自职责及工作目标；加强内部控制，有效降低成本费用；划分各责任中心及其职责，明确控制与考核对象，对集团公司全面经营活动进行以预算和业绩考核为中心的管理；及时进行过程反馈，加强事中控制，了解存在的差距和问题并采取改进措施，与绩效管理体系相结合，使集团公司对于各部门（单位）和员工的考核"有章可循"。

2. 预算管理各相关部门的职责

集团公司的法定代表人对集团财务预算的管理工作负总责，成立由有关职能部门组成的财务预算管理委员会，主要拟订财务预算的目标、政策，制定财务预算管理的具体措施和办法，审议、平衡财务预算方案，组织下达财务预算计划，协调解决财务预算编制和执行中的问题，组织审计、考核财务预算的执行情况，督促企业完成财务预算目标。预算管理相关部门包括：董事局、预算委员会、审计委员会、集团总裁办、财务部、信息部和各责任中心。

3. 预算管理机制的内容及预算编制

首先建立财务预算管理的组织机构，其次规范财务预算的编制程序和方法。根据集团公司的整体发展战略，按照"上下结合、分级编制、逐级汇总"的程序，在决策的基础上，提出企业集团财务预算目标。各预算执行部门按照企业财务预算委员会下达的财务预算目标和政策，结合自身特点以及预测的执行条件，提出详细的本部门财务预算方案，财务预算委员会应当进行充分协调，对发现的问题提出初步调整的意见，并反馈给有关预算执行部门予以修正，再由财务预算委员会逐级下达各预算执行部门执行。集团总裁办将经营预算目标先行分解到各部门（单位），各部门（单位）按照部门预算目标要求及实际情况编制部门预算；财务部汇总各部门（单位）预算，并编制整体预算，报集团总裁办、预算与审计委员会、董事局逐级审批；各部门须严格按照预算，履行相关审批程序，支出各项费用，若有超出预算支出项目，须报预算与审计委员会进行审批后执行。做好预算的事前控制、事中控制和事后控制，各级财务部门及时汇总、分析年度预算执行情况。各预算执行部门定期报告财务预算的执行情况，对新情况、新问题及出现偏差较大的重大项目，要特别注重查找原因，以提出改进经营管理的措施和建议。

5.3.2 委托代理契约及激励约束机制

根据契约理论，一个有效的契约应是激励契约机制和约束契约机制的有机组合。在企业集团母子公司的委托代理关系中，集团董事会是委托人，经理人是代理人，道德风险的解决关键是设计一个有效的激励与约束对等并具有执行效力的契约（或称委托合约）。契约既有激励条款又有约束条款，还必须有执行条款。同时由于信息不对称、未来的不确定性以及人的有限理性，契约条款一般都是不完备的，不可能准确地描述与交易有关的所有未来可能出现的状态以及每种状态下契约各方的权力和责任。契约还必须规定对未来不确定性的解决方法。

委托代理理论认为代理人的报酬是其绩效的函数。依据代理理论和契约理论，公司制企业应以明确的代理契约来定义代理人的绩效与报酬之间的对称关系，绩效评价是支付报酬的标准；另外，契约中除了应有明确的激励约束机制，还应包括科学有效的业绩评价机制，这样才能有效激励经营者朝着委托人的利益目标方向努力工作，从根本上调和经营者与股东之间的利益冲突，以控制代理问题。本部分根据代理理论的要求，在借鉴西方先进做法的基础上结合我国国情，对代理契约模型进行总体设计。

设计委托代理契约应包含三个方面：①契约内容的设计；②契约应体现的激励约束机制（这是设计报酬契约的目的）；③公司业绩与经营者业绩的评价。

5.3.2.1 委托代理契约的内容

制定经营者报酬计划的目的是发挥经营者的积极性，鼓励经营者采取使公司财富最大化的行动，使经营者认识到"公司财富最大化"目标既符合公司股东的利益，也符合自己的利益。为此报酬计划要传递这样的信息："经营者过去和现在工作业绩的好坏，将影响其现在和将来的收入水平"，即经营者的收入取决于他过去、现在和将来的业绩。

影响委托代理契约内容的因素有很多，将其分成四类：公司目标与业绩评价、公司治理的监控系统、外部环境约束、企业管理的自我调控系统与信息系统。因此，企业高层领导者的业绩直接表现为公司的经济效益指标，而更多的则体现为领导者通过建立以价值观和行为规范为主的公司文化使企业战略更能适应市场和环境的变化。委托代理契约还表明，在评价公司的业绩表现时，需要对影响公司业绩的重要因素进行评价，即除了进行结果评价外，还应进行过程评价。

5.3.2.2 激励约束机制

委托代理契约是集团董事会用直接或间接控制子公司经理人的行为，维护集团母公司利益的基本依据。委托代理契约既要体现对代理人的激励作用，也要体现对代理人行为的约束作用，从而控制经理人员偏离公司财富最大化的行为。委托代理契约包含的激励约束机制，主要表现为以下几个方面。

1. 合同激励约束机制

在公司中建立正式的代理制度来对经理人员使公司财富最大化的行为进行奖励，本身就是控制经理人员偏离行为的一种方法。为此，公司有必要与高级经理签订正式的聘用合同，其中的重要内容是职责、权力和利益的确定，而经营者的利益与职责履行情况和权力使用情况之间的关系就是报酬契约，它通过伸经营者利益与职责目标的完成情况联系起来，以此奖励经营者使公司财富最大化的行为并惩罚偏离行为。正式签订的报酬合同对公司和经营者的行为都有约束作用。

2. 市场激励约束机制

委托代理契约的确定是与资本市场和经理市场的状况相关的，反映出资本市场和经理市场对经营者的约束作用。经理市场及资本市场在一定程度上对企业经营者偏离公司财富最大化的行为有约束作用。这表现为，如果经营者背离公司市场价值的行为的结果以及他们的报酬之和大于经理市场上的潜在竞争者的要求时，他们就有被解聘的可能。经理市场的作用就在于使经理人员得到一个具有竞争性的报酬。

3. 对代理人任期问题的激励约束机制

与经营者任期相关的问题是指经营者由于其任期时间一定，或任期接近届满或接近退休年龄时而发生的管理行为的变化。这些变化的直接后果之一就是在企业经营决策上的短期行为，因为经营者通常不会愿意进行那种减少任期内的公司收益（近期收益）而增加任期外的公司收益（远期收益）的长期投资。对上述问题的控制方法有两个方面。第一，报酬计划本身可以对此问题起到控制作用，因为它把经理的报酬与公司将来一定时期的业绩表现相联系，如经理任期的最后一年的报酬取决于他在那一年或随后几年的公司业绩（如公司利润）。第二，任期问题也可在报酬契约中通过设置延期支付条款来减少。当然，延迟退休或延长任期本身也能解决激励和约束问题，还能保护经营者的知识不流失到其他企业。

4. 对代理人短期行为的激励约束机制

委托代理契约中的具体方案设计的目的之一就是影响经营者的管理行为，特别是公司的投资与财务决策行为，使其有利于股东财富最大化，但有的报酬方案可能导致经营者的短期行为。例如，奖金计划通常把经营者的奖金与公司的利润相联系。如果经理的报酬大小只与当年的利润水平相关，则他在进行经营决策时可能会有下面的行为：拒绝具有高净现值但投资回收期较长的项目，转而接受那些净现值低但能把成本费用摊到他离开公司或退休后才发生的项目上。而具有延期支付条款的报酬计划则可能有效地控制经理人员在投资策略方面的不良动机。例如，使一个即将退休的经理在退休后某段时间内获得奖金就有可能控制经理的上述行为。

5. 对代理人随意离开公司的激励约束机制

委托代理契约中的延期支付方案除了促使经理人员高效工作和减少欺骗行为外，还有其他的效果。经理人员在一个公司工作过程中会积累与行业有关的大量专门知识，其中相当一部分可能是由经理所在的公司在耗费相当成本的情况下提供的。如果在报酬计划中有延期支付条款，则企业可以比较放心地在培养专门人才上进行投资，因为具有专门知识的经理人员离开公司时，延期付款将自动失效。

因此，有延期支付条款的报酬计划意味着经理人员随意离开公司的可能性变小，而公司又更可能向经理人员提供培训。这样，公司和经理人员都会受益。

6. 对代理人保守行为的激励约束机制

从根本上讲，如果一个经理的报酬固定时，他更可能进行保守的决策而不是使决策最优。如果公司经营者报酬的相当一部分是固定收入，则经营者可能有选择某些实际上降低公司价值的投资项目的动机，例如选择那些现金流量易变性小，虽减少公司财富，但增加经营者得到现金收入机会的项目。

约束这种保守行为的办法就是使委托代理契约中这部分基本工资的确定具有激励作用，如每年根据公司前一阶段的价值变化重新对经营者的基本年薪进行谈判确定。这涉及对经理的业绩、工作效率等进行定期评估。因此，这样的工作是要耗费成本的。但基本年薪重新谈判确定的办法对即将退休的经营者或志在离开公司的经理人员的作用不是很大。

克服经营者保守行为的另一办法就是在报酬计划中增加使经理承担风险的报酬方案，如购股计划（在未来某段时间以目前的股价购买一定数量的股票）、奖金计划（年度奖金与超过一定投资收益率的那部分利润多少有关）以及替代奖金计划的送股方案（如送给经理人员相当于一定奖金额度的股票，并规定多少年后方能到市场流通）。上面的这些激励条款增加了经营者面对的风险，因为体现经营者人力资源价值的上述资产权利随公司的市场价值而变化，而经营者又不能随意通过将其本人的人力资源和资产权利在市场上销售来转化和分散风险。

7. 对代理人减少红利发放行为的激励约束机制

经营者有多方面的动机来促使公司的规模扩大，以及使公司的股价升高，因为经理的固定收入（包括基本年薪）的多少与企业规模有很大相关性。另外，报酬契约中经理的远期收入条款，如购股计划、股票升值计划、送股计划等都无不使经理的报酬与将来的公司股票价格相关。而扩大企业规模和提高公司股价最便捷的方法是不向股东发放红利或少发红利，而把税后利润留在公司进行再投资，因此经营者会更偏向于减少红利支付来增加股价进而增加经理人员的报酬和相关收入。然而，由于企业并不是总有好的投资机会，因此把收益全部留在企业所做的投资决策并不总是最优的。相反，把钱交给股东去投资，股东可能会得到更大的利益。因此，不发红利或少发红利对股东来讲常常不是公平的或有利的，这就有必要对此行为加以限制。例如，美国一些公司在经营者报酬计划中把经营者奖金的最大额度与向股东发放的红利额度联系起来，即减少或不发放红利就等于减少经营者的奖金报酬。

通过以上分析可以知道，企业集团道德风险问题是绝对存在的。为了弱化道德风险问题，集团母公司就必须设计出一套有效的控制系统，使其对子公司总经理的控制更加系统化。要解决企业集团财务控制中的道德风险问题，必须建立以业绩考核为核心的激励约束机制。

5.3.3 财务风险预警机制

现代企业发展到企业集团的规模后，如果单个企业发生财务危机，就有可能引起连锁反应，造成整个集团的重大损失。因此，为充分发挥企业集团获取规模效益、增强抵抗风险能力的作用，作为集团核心企业的母公司，建立行之有效的财务风险预警机制，对集团各企业的财务风险进行有效监管和控制就显得非常重要。企业集团财务风险预警机制是指当企业集团内出现财务状况恶化的迹象、预警功能发出预警信号时，可以提醒企业经营者尽早采取措施，及时寻找导致财务状况恶化的原因，积极采取有效措施，改善财务状况和财务结构，化解财务风险。通过财务风险预警机制详细记录财务风险的发生缘由、解决措施、处理结果等，弥补企业现有财务管理及经营中的缺陷，变事后控制为事前、事中控制，可以起到防患于未然的作用。

要发挥企业集团财务风险预警机制的功能，必须从机制上架构企业财务预警机制，进行系统设计。具体内容包括预警组织、预警方法、预警指标体系、风险处理机制等。

5.3.3.1 预警组织

企业应从总体上统筹规划，设计符合企业特色的财务预警，为使财务预警得到正常运行，企业应建立健全预警组织机构。预警组织机构相对独立于企业组织的整体控制。预警组织机构的成员可以是兼职的，由企业经营者、企业内熟悉管理业务、具有现代经营管理知识和技术的管理人员组成，同时要聘请一定数量的企业外部管理咨询专家。预警机构独立开展工作，不直接干涉企业的经营管理，只对企业最高管理者（管理层）负责，预警组织机构的日常工作可由现有的某些职能部门（如财务部、企管办、企划部）来承担，预警组织制度的实施使预警分析工作经常化、持续化，只有这样才能产生预期的效果。集团财务风险预警的组织管理包含两个层次：一是集团母公司的财务风险预警系统，其覆盖面是整个集团；二是各子公司的财务风险预警系统，主要针对子公司的风险预警。无论是哪个层次，都应该建立专门的财务预警组织机构，并遵循专门性、专业性、独立性的原则，确保财务预警分析的工作能够有专人落实，且不受其他组织机构的干扰和影响。财务风险的预警需要一个严密的组织机制作为保障。

预警部，对财务风险的监测、诊断、矫正及对策进行日常管理，同时总结预警系统的经验和教训。在日常活动中训练全体员工接受风险的判别与防治方面的知识，培养员工在危机中的心理承受能力。此外，还进行各种逆境的预测与模拟，设计"危机管理"方案，在特别状态时供决策层参考。

当企业陷入极端困境或危机中时，预警管理部门应迅速针对情景特性组成危机管理部。危机管理部是在企业遭受重大打击与危机状态下设立的临时性机构，它是预警部的职能在特别状态下的扩大。在危机发生前，危机管理部应在领导者统筹下完成危机处理计划，并针对各种可能状况建立预警设计及模拟演练。当危机爆发时必须彻底隔离危机，找出问题的症结、对症下药，并在处理危机过程中，负责检查所有的新闻报道及评论，做适当的导正，以免危机扩大。在危机解决后，以新经验检查原有计划，将资料整理后建档保存，并输入企业预警系统的对策库，以备后期研究与使用。

企业在特别困难时期，单纯依靠自身力量可能难以迅速找到危机根源及有效对策。此时，可借助于企业外部专业咨询机构的力量，相应地设置"咨询"机构，由危机管理机构统筹负责其业务。预警组织制度的实施使预警分析工作经常化、持续化，只有这样才能产生预期的效果。

5.3.3.2 预警方法

财务预警的一个有效方法就是评分法。评分法则是将预警指标用线性关系结合起来，运用指数法的计算来反映企业财务风险的程度，以此来量化财务风险。阿特曼的 Z 评分法是应用最广泛的一种方法，很多企业直接使用或在此基础上进行了改进。而理论研究中却大量使用建模法，因为建模法需要大量的统计样本，建立的模型预测精度相对较高，用于理论研究是非常适合的，但是此方法建立的理论模型对于不同行业、不同企业的区分性、实用性较差，提供的预警结论往往比较笼统。而评分法的突出优点是操作方便，实用性强，通过对评分标准的调整可以很好地区分不同行业公司的财务特性，还可以揭示产生风险的不同原因，有利于风险管理人员做出更加详尽的分析。因此，从实用的角度人们倾向于选择评分预警方法，当然企业也可以根据自身的财务特征选择其他一些财务指标。

5.3.3.3 预警指标体系

1. 指标设计

预警指标的选择左右了财务预警的预测能力和效果。根据指标的灵敏性、先兆性、关联性要求，通过借鉴实证研究分析筛选出符合实际的财务预警指标，是建立高效的财务预警方法体系的重要环节。财务风险预警指标通常由基础指标和辅助指标组成。其中，基础指标为企业偿债能力指标，资产营运能力指标和盈利能力指标等组成了辅助指标。在这里，选用资产负债率、短期借款（含1年内到期长期借款）占流动负债比重、流动比率、速动比率、现金流动负债比率、已获利息倍数、长期债务与营运资金比率七个指标作为主要指标，应收账款周转率、净资产收益率、对外担保占净资产的比重三个指标作为辅助指标。

企业发生财务风险主要是指不能如期偿还到期债务，因此，在指标体系中，偿债能力指标所占的比重最大。其中，资产负债率总体反映企业的资本结构和负债规模，可以综合反映企业运用所拥有或控制的资产偿还债务的能力；短期借款是企业负债中弹性最差的债务，因此，选取用来衡量企业债务内部结构的短期借款占流动负债比重指标来衡量财务风险就显得尤其重要；流动比率和速动比率可以反映企业资产的变现能力，直接反映企业的短期偿债能力；现金流动负债比率用于反映企业可实现即期支付的能力；已获利息倍数反映企业偿还借款利息的能力；长期债务与营运资金比率反映企业远期的偿债能力。这七个指标分别从不同侧面、分轻重缓急反映企业偿还到期债务的能力，即企业发生财务风险可能性的大小。应收账款周转率反映企业的资金回笼情况，可以用来衡量企业运用自有资源降低财务风险的能力；净资产收益率综合反映企业的盈利能力，可以用来衡量企业自身的造血功能对降低财务风险的贡献；对外担保占净资产的比重反映企业或有负债的大小，可以用来衡量企业潜在的财务风险。以上指标的好坏从不同的侧面反映企业财务风险的大小，基本能够满足一般的财务风险控制的需要。

不同的企业集团可以根据所处的行业和规模的不同，结合自身实际对指标进行调整和增减。同时，内部各单位可以结合实际情况，根据需要增加财务风险控制指标，建立健全本单位的财务风险控制指标体系，但指标体系应包括以上各项指标。

2. 财务风险区间的划分

关于财务风险区间的划分，我们根据实际需要把财务风险划分为安全区（绿区）、预警区（黄区）和危机区（红区）三个区间。其中，安全区表示财务风险很小，处于这一区间的企业发生财务危机的可能性不大；预警区表示财务状况不稳定，处于这一区间的企业发生财务危机的可能性较大；危机区表示财务状况极不稳定，处于这一区间的企业随时有发生财务危机的可能。能否恰当划分三个区间，对财务风险控制体系的实施至关重要。风险区间划分得过于宽松，起不到财务监控的目的；划分得过于苛刻，又会使企业在经营决策中缩手缩脚，丧失大好的发展机会。风险区间的划分不能完全根据经验数据和学术权威来进行，对不同的企业也不能一刀切，要充分考虑企业管理者的风险偏好、管理能力以及企业自身抵抗风险的能力、所处的行业、企业的规模、与银行的合作关系，同时参考国内、国外同行业的平均水平等诸多因素，做到量体裁衣。对已经划分的风险区间也不能一成不变，要考虑企业发展过程中的变化，从而根据实际情况不断做出动态调整。

集团各成员企业应根据集团的财务风险控制制度，定期计算本企业的各项财务指标，并根据评分法对本企业的财务风险进行评分，进而进行本企业的财务风险评估。如果分值在安全区，企业不必做出反应；如果分值在预警区，企业应引起重视，采取必要措施，避免财务状况的进一步恶化，预防财务风险的发生；如果分值在危机区，企业必须立即采取果断措施，进行专题研究，采取专门对策，尽快降低财务风险。对于评估分值处于危机区的企业，集团母公司应给予重点关注，责令其限期采取有效措施，尽快将指标降低到可以接受的水平，否则将采取不予对其提供借款担保、不再审批投资项目等惩罚措施。

3. 财务风险评分规则

关于财务风险评分规则，比较直观和可操作性强的是参照国际通用的 WORL 评分法，实行百分制评分。第一步，结合实际情况，根据各财务指标的重要程度，给出不同的权重；第二步，企业根据财务资料，剔除客观因素，准确计算出各项指标值；第三步，根据既定的评分法，计算出该项指标的得分；第四步，根据基础指标和辅助指标的得分，加总得出本企业的财务风险评分；第五步，根据确定的财务风险区域划分标准，得出本企业所处的财务风险区域。

为了便于解释说明预警指标体系的构建，特结合有关企业集团的做法及咨询集团从事财务管理工作的有关人员的经验，提出权重设计和评分办法，如表 5-1 所示。

表 5-1 权重设计与评分法

指标名称		权重	安全区	预警区	危机区
一、基础指标	现金流动负债比率	20	该项指标得0分	将预警区间10等分，每一等份按照1/10记分	该项指标得满分
	速动比率	16			
	流动比率	12			
	短期借款占流动负债比重	8			
	长期债务与营运资金比率	8			
	资产负债率	8			
	已获利息倍数	8			
二、辅助指标	净资产收益率	7			
	应收账款周转率	7			
	对外担保占净资产的比重	6			
合计		100	≤40	（40，70）	>70

需要说明的是，由于各个企业的具体情况不同，各项指标的权重也应该视具体情况而定。有人认为，关于指标权重的大小按下列顺序确定较为合理：现金流动负债比率，速动比率，流动比率，短期借款占流动负债比重，长期债务与营运资金比率，资产负债率，已获利息倍数，净资产收益率，应收账款周转率，对外担保占净资产的比重。对于每一项财务指标值，分别划定安全区、预警区和危机区。例如，对于流动比率，通常认为稳健的财务结构中，流动比率为2左右，我们可以结合实际情况设定某企业的流动比率大于2时为安全区，界于2和1.7之间为预警区，小于1.7时为危机区，其他指标依此类推。

4.建立财务风险分析评估报告制度

集团各子公司应该定期（每月末、季末、年末）编制本企业的财务风险分析评估报告并报集团母公司备案。财务风险分析评估报告应经过本企业的财务负责人和企业主要负责人签字确认，这样可以进一步强化企业负责人的财务风险意识。财务风险分析评估报告应该包括本企业对财务风险的自我评价、对异常变动(幅度超过20%)的指标所做的专项分析、指标处于预警区或危机区的原因分析以及降低财务风险、改善财务状况拟采取的措施等内容。如果条件具备的话，实行全集团计算机联网，财务数据可以实现共享和实时传输，那么整个集团财务风险控制将可以实现动态实时监控,财务风险预警将能够更好地发挥作用。

5.3.3.4 风险处理机制

当各子公司财务风险分析清楚后，集团母公司就应立即制定相应的预防、转化措施，尽可能减少风险带来的损失。企业风险预警制度若要能够有效运作，就必须要有正确、及时且合乎企业所需要的各种管理资讯系统提供及时而完整的经营结构数据，供经营者及各部门负责人用实际经营状况数据与财务指标数据相比较。当有超出或低于指标数据的情形发生时，就表示企业财务状况将有不健全的症状产生，经营者应早日依数据所代表的经营内涵做进一步深入研判，找出蛛丝马迹、对症下药，以防财务恶化。例如，应收账款周转率过于缓慢，表示企业行销部门可能不尽心收取顾客账款。如此，一来资金运转将吃紧，二来企业将承受更多的交易风险。此时，营销部门主管应深究缘由，并提出财务风险策略。值得说明的是，制定财务风险处理策略之前，财务风险的症状辨别非常重要。

财务风险预警处理机制是指针对可能的风险指定风险损失承担责任人，如果风险损失可能超过责任人承担的范围，应该进入企业风险管理流程，包括风险的识别、评估、风险反应和控制等。

1. 风险的预知与预测

该部分的核心任务是建立有效的预警信息系统。首先进行广泛的信息收集工作，然后对已收集到的信息进行详尽的分析和评价，并将结果迅速上报或分送有关决策者。

2. 风险的预防和回避

在事前准备阶段，要确定风险的性质，分析风险产生的原因，测定风险可能造成的损害程度并进行悲观的准备。此外，还要充分利用外部环境条件，做好人财物、硬件和软件等方面的准备工作。

3. 风险责任承担

如果风险完全在某个部门或者个人的可控范围之内，要明确其风险责任，即如果该风险在未来发生并带来损失，该损失应有责任人来承担，不由企业承担。风险责任机制将企业可能发生财务危机的责任落实到具体的部门及个人，并实施合理的奖惩制度，提高每个部门及个人防范财务危机的积极性和主动性，为财务预警系统正常而有效地运转提供制度性保障。只有明确责任，责权高度集中统一，整个财务预警机制才会更有效。

4. 风险管理流程

为了防范和控制财务风险损失的发生或进一步扩大，应按照科学的风险管理程序和方法来处理风险。

5. 风险的免疫

这是风险处理的最后工序，就是要积极总结经验教训，并进行相应改进，以增强企业对风险的免疫功能，预防和防止危机的再次发生。有些企业为了提高自身对财务风险的应对处理能力，使用情境测试、风险教育等手段。

财务风险预警机制的有效运行同样需要其他工作相配套，有着不可缺少的重要前提：一是健全的财务风险管理组织架构是预警机制有效运行的基本保障；二是集团财务信息化建设是提高预警能力的有效途径；三是加强财务监管，确保会计信息质量是准确预警的关键；四是定量分析与定性分析相结合。财务预警机制的发展方向是在全新的软件平台上实现财务风险的实时预警，能够在任何时间调出每一个子公司的财务数据，对其进行实时分析，这样才能及时地防范风险，保障企业的安全运营。

5.3.4 内部审计管理机制

与一般的风险管理部门进行的风险管理相比，内部审计部门所进行的风险管理既与其有紧密的联系又有区别。它们的联系表现在，两者的目的是统一的，都是为了降低企业的风险；两者的区别在于它们在风险管理中的角色不同。正是上述的联系和区别，导致内部审计部门进行的风险管理过程与一般风险管理过程具有相同点和不同点。

内部审计部门所进行的风险管理是在一般部门所进行的风险管理的基础上的再监督，其风险管理过程应包括三个方面。

①评估风险识别的充分性。所谓风险识别是指对企业所面临的以及潜在的风险加以判断、归类和鉴定风险性质的过程，换言之，就是要确定企业正在或将要面临哪些风险。内部审计部门和人员要对原有的已识别风险是否充分进行评价，即企业所面临的主要风险是否均已被识别出来，并找出未被识别的主要风险。采用的方法包括决策分析、可行性分析、统计预测分析、投入产出分析、流程图分析、资产负债分析、因果分析、损失清单分析、保险调查法和专家调查法等。

②评价已有风险衡量的恰当性。风险衡量是指应用各种管理技术，采用定性与定量相结合的方式，最终定量估计风险大小，找出主要的风险源，并评价风险的可能影响，以便以此为依据，对风险采取相应对策。内部审计部门和人员要对已有的风险的衡量结果进行再检验，以确定其是否恰当，对不恰当的估计予以更正。采用的方法主要有：调查和专家打分法、风险报酬法（又称调整标准贴现率法）、风险当量法、解析方法、蒙特卡罗模拟方法等。

③评估风险防范措施的充分性，并提出改进措施。风险的防范措施是指为降低已识别出并已衡量的风险所采取的措施，也称风险管理工具的选择。内部审计部门和内部审计人员对有关部门针对风险所采取的防范措施进行检查，检查其是否充分、得当。对于风险缺乏充分的控制措施的情况，内部审计部门和内部审计人员应提出改进措施和建议，以强化企业的风险管理，降低风险损失。采用的方法有：避免风险、损失控制、分离风险单位、非保险方式的转移风险（包括转移风险源、签订免除责任协议、利用合同中的转移责任条款）保险等。

综上所述，内部审计涉及风险管理领域有其客观必然性，是环境因素和其本身因素使然。在风险管理中，内部审计部门主要是对风险管理部门和其他相关部门所进行的风险管理的再监督。但这绝不意味着内部审计部门不能作为直接的风险管理人，在必要的情况下，它可以直接进行风险管理。

5.3.4.1　内部审计管理内控目标

内部审计的目标包括：建立、健全内部控制制度，严肃财经纪律；查错揭弊，改善经营管理，提高经济效益；加强对下属单位（部门）的监督与控制；为集团的经营决策提供相对独立、客观的资料。

5.3.4.2　内部审计管理关键控制点

内部审计管理关键控制点包括：审计部根据经预算与审计委员会审批的年度审计工作计划开展工作；集团提出计划外内部审计要求，须经集团董事长审批后，报预算与审计委员会审批后执行；预算与审计委员会对有争议的审计结果做出裁决；对审计决议的执行情况进行后续审计。

5.3.5　资金集中管理机制

成立集团财务结算中心，强化集团财务管理，实现资金集中结算。集团财务结算中心是为集团成员企业办理资金融通和结算，以降低资本成本、提高资金使用效益为目标的内部职能机构。集团财务结算中心不仅能够实现结算、出纳等基本职能，还能充分利用结算中心的信息资源，及时向集团提供资金信息，从而有利于集团资金使用效益的提高，增强企业抵御风险的能力。

5.3.5.1　资金集中管理的目的和内容

资金集中管理包括下列具体目的。

①保证集团资金业务符合相关法律、法规及内部规定；

②通过资金预算与计划管理，保证资金存量与运用符合集团公司经营管理需要；

③通过有效的资金规划管理，减少资金占用，降低资金成本；

④保证各项资金业务活动均按照适当授权进行，保障资金及其记录的安全、完整；

⑤促使集团公司资金业务活动协调、有序、高效地运行；

⑥防止、发现和纠正资金业务中的错误与舞弊，保证资金账实相符。

集团应该制定《资金集中管理制度》，建立统一的资金管理信息平台为各项资金业务提供日常业务处理与管理平台，实现各类资金业务的规范化和标准化管理。资金管理包括：账户、计划、划拨、结算，授信、贷款、担保、抵押等方面，资金集中管理的核心是账户管理。

资金管理应该实现数据标准化、流程控制、决策分析、风险控制四个功能，并充分利用预算控制手段，实现资金预算和资金监控继而减少风险的目的，资金管理工作主要内容是集团资金拨付、资金收入和资金支出管理。

5.3.5.2 资金管理的组织部门

资金管理人员和部门主要包括：集团财务总监、集团财务部、集团资金结算中心等。集团财务总监职责：根据集团公司经营管理的需要，制定资金管理制度；组织制定、执行集团年度、季度、月度及周资金计划，监控集团资金使用状况；参与集团融资；根据授权审核、审批资金支付。集团财务部职责：根据集团公司资金状况及各部门、子（分）公司对资金的需求，制定资金使用方案；审核各部门、子（分）公司资金使用计划，拟定集团年度、季度、月度及周资金使用计划，经审批后执行；监控各子（分）公司资金收支状况；根据授权，对集团所属企业的资金进行调剂。集团资金结算中心职责：办理结算中心成员单位与银行的结算业务；管理财务印鉴与票据；按时汇总结算中心各成员单位资金收、支情况，定期与银行及结算中心成员单位进行对账。

5.3.5.3 资金集中管理的关键控制点

资金管理关键控制点包括：根据预算制定月度和周付款计划；集团财务部和结算中心检查资金支付是否符合预算和计划；集团公司董事长、总裁、财务总监按照授权分级审批结算中心大额资金的支付。各子（分）公司严格按照收支两条线管理银行账户。财务实行收支两条线，开设销售货款和成本费用两个账户，实施监收控付，销售款首先打入指定销售货款专用账户，再根据核定的费用开支标准和企业提留基金（也称为风险基金）划转到费用账户中。

5.4 企业集团财务投资领域的风险管理思考

企业要取得长足的发展，不仅需要企业自身内部的提高，还需要政府的外部环境政策的支持。

5.4.1 企业自身内部提高

根据前文分析企业所存在的问题，笔者认为企业主要可以从成本管理、资本运营、技术战略、品牌战略以及人才战略五个角度来运营企业，提升企业的整体竞争力。

1. 成本管理

建立目标成本管理责任体制体系，即目标成本管理责任制的领导中心和网络，加强基础工作包括原始记录、定额、计量和内部转移价格的确定。通过这样一个体系的建立，使原材料在采购链上的成本损失降至最低，以此抵消原材料价格波动带来的冲击。

加强企业内部职能部门的管理，精简公司的职位设置，使得已有的部门能发挥其最大的效率。烦冗的组织机构，不仅大大增加了企业的管理费用，而且工作效率低下，不利于企业创造利润。为加强部门管理，可考虑建立一套适合企业自身的考核、奖励制度，以此来促进部门间的相互竞争和相互提高。

逐步完善公司的财务会计核算体系。从企业实际出发，增加适当开支，如固定资产投入、员工培训费投入等，并努力节俭不必要的开支。也许一张办公用纸的浪费就可能导致企业成本的增加，降低企业利润。为此，企业可以从细节入手，培养员工的主人翁精神，从节约企业的每一度电、每一滴水开始。同等规模的企业间，在大方向上如机器设备、工人工资、原料采购等方面的开支几乎差不多，企业只有从细节处着手加强内部管理，才可能胜人一等。

最后，可考虑实施低成本战略。所谓低成本战略，即在一个产业中以低成本取得领先地位，它要求建立高效的、规模的生产设施，全力以赴降低成本，注重成本与管理费用的控制，最大限度地减少从研究开发到售后服务整个供销过程中各个环节、各个方面的成本费用。在美国，有 23% 的公司采取这种战略，如杜邦、柯达、摩托罗拉、IBM 等。

2. 资本运营

针对企业存在的资金闲置状况，可考虑优化企业的资本存量结构。资本存量结构是指现有资本在产业、产品和企业之间的配置比例。实施资本集聚是最佳的选择。企业实行资本集聚是市场经济发展的必然产物，是企业寻求更大发展的客观需要。通过资本集聚，企业可以壮大经营规模，扩大资本规模，扩大市场占有率，强化竞争实力，提高自己在市场上的垄断程度，将有限的资源优化使用，实现规模经济。

通过引进外资来增加企业资本积累。利用外资，包括国外政府及金融组织贷款和外商直接投资两种形式。但无论采用何种方式引进外资，都存在外资的双重性。一方面，通过外资可以将当代世界先进技术应用到本企业，扩大生产能力，加快发展速度；另一方面，利用外资要担负利息和接受一定的举债条件，否则有得不偿失的危险。由于外资在提升产业档次、加快对外贸易发展方面有巨大作用，企业可以参照自身实力有选择地运用外资。

加快资本周转速度。资本周转快，就为资本更快、更多地积累提供了条件。为加快资本周转速度，主要可通过下列几种途径：①努力缩减劳动期间；②尽力缩短生产时间和劳动时间的差距；③适当缩小产销距离；④保持经济的生产储备和商品储备。加快资金周转速度，其实也是节约成本的一种方式。企业资金周转快，一方面说明企业运营良好，各项生产、管理到位；另一方面，可减少借贷的利息损失，如果投资正确，还可以创造利息收入。

与银行建立良好的合作关系，争取尽量大的授信额度，并最大限度地合理使用授信额度，使有限的资源发挥最大的价值。银行授信额度的配置，往往根据企业的信用、实力、潜力制定。因此，企业应尽可能提高自身的整体竞争力，创造良好的信用等级。

3. 技术战略

技术是企业非常关键的战略资源。对于企业而言，技术和资本一样，是一种能够被发展、利用、偷盗、浪费、遗弃，也能够应用在发展上并带来赢利的资源。一个企业要生存，必须要有创新，而创新来自技术，因此企业有充分的理由去经营技术这个资源。

针对存在的具体问题，企业首先要树立强烈的技术战略意识。企业技术战略是企业经营战略的子战略，所以技术战略应在企业总体战略确定后才能确定。综合考虑各种影响因素，企业技术战略及发展模式的选择大体可分为以下五个方面。

①企业技术发展的外部环境分析。外部环境分析包括技术发展状况分析、企业竞争和技术竞争状况分析以及政策法律环境分析三部分。技术发展状况分析的内容包括：企业的经营范围以及涉及的产业领域；对每一个产业领域，都要分析产业技术处于其生命周期的哪一个发展阶段。企业竞争和技术竞争状况分析的内容包括：该产业当前的市场结构类型及其发展趋势；企业的主要竞争对手；本企业的市场地位和技术地位等。政策法律环境分析的内容包括：政府对该产业技术发展有无支持或者限制政策；对知识产权的保护力度；对国外产品进入的限制政策等。

②企业技术发展的内部条件分析。确定本企业当前的技术能力（搜索能力、消化吸收能力和创新能力）和经济支持力，是否满足企业总体战略中对技术支持能力的要求，在哪些方面存在差距，有无其他手段能弥补技术竞争力的不足，以保证企业经营目标的实现。

③确定能够满足企业经营目标的技术发展战略并选择相应的技术发展模式，包括当前阶段与未来阶段的战略及模式，列出若干个可行方案。

④对初选的方案进行可行性分析、评估，重点是战略支持力保障程度评估，可能面临的风险和对策评估。

⑤综合评估确定可行方案和风险防范措施。

在考虑以上五个因素的基础上，结合企业实际情况，制定相符的技术发展战略计划。以球铜阀为例，台州玉环可称得上是全球的球铜阀生产基地，这里的产品90%用于出口。对于这一地区的企业来说，企业技术发展的外部环境具有相似性，因此应主要考虑企业技术发展的内部条件。资金运营良好的企业可考虑加大技术创新这一块的投入，制定一个切实可行的技术发展战略计划，才有可能将理论上的技术战略付诸实际。

根据企业技术发展条件的不同，理论上有下列几种发展组合战略与模式：①进攻主导型；②防御主导型；③机会主导型；④合作主导型；⑤引进自主型；⑥引进合资型；⑦辅助配套型；⑧从属合作型；⑨合资主导型。对于技术发展速度、水平不同的国家和企业来说，其适用的组合与模式的类型有所不同。根据玉环地区民营企业的特点，笔者认为适合采用机会主导型战略。在技术获取上采用自主开发、与研究机构合作开发、模仿开发及人才引进等方式。在技术快速成长期，采用特色产品的进攻战略，并以特色产品为依托，采用防御型战略拓宽产品领域，通过逐步向主导技术分支渗透来扩大产品范围和零部件的自产率，最终实现自主生产。

4. 品牌战略

所谓品牌战略，是企业以品牌的营造、使用和维护为核心，在分析研究自身条件和外部环境的基础上所制定的企业总体行动计划。品牌作为一种经济形态受制于一定的社会经济条件，品牌战略的发展历程也反映了市场经济的演变历程。

针对企业存在的问题以及企业本身的实际情况，企业可以从以下几个方面实施和推进品牌战略。

（1）树立强烈的品牌战略意识

了解国内与国际商业发展的形势，审时度势，及时抓住机遇，实施和推进本企业的品牌战略。深刻认识，实施品牌战略是求得企业生存与发展的根本手段之一，因此要树立强烈的品牌开发战略意识。

（2）选准市场定位，确定战略品牌

实施品牌战略没有必要也不可能去发展太多的品牌商品。正确的做法是经过市场调查，从本企业的实际出发，开发一两个品牌，然后重点经营该品牌。

（3）运用资本经营，加快开发速度

开发资金不足，可能是当前商业企业在实施和推进品牌战略中普遍遇到的问题。发展现代商业国际通行的做法是运作资本经营，以加快品牌开发的步伐。资本运作的形式是通过兼并、收购、转让、特许经营、有偿使用等方式，嫁接和引进国外现成的品牌。创立品牌是品牌发展的初级阶段，经营品牌则是品牌发展的高级阶段。

（4）利用信息网，实施组合经营

品牌一经开发，就要以最快的速度进行宣传。因为现在是信息时代，通过信息高速公路，可以实现最快的组合经营。其一，新开发的品牌迅速进行宣传，不仅可以迅速进入新品推进的导入期，推广营销、拓展市场，还可大量节约广告宣传投入，这种投入是开发任何新品所必需的，而且是巨大的。其二，新品信息上网，能以最广阔的视野在全球寻求贸易伙伴。其三，随着信息网的普及，网上购物将成为销售的最佳渠道，而这又成为组合营销最直接的组成部分。所以，实施品牌战略，不可不运用信息网。

（5）实施规模化、集约化经营

品牌战略的本身就是一种规模化、集约化经营。首先要使开发的品牌进一步延伸和扩大，在实施品牌战略中要实施规模化、集约化经营。事实上，当新开发的品牌进入导入期的时候，即可推进到连锁经营，而不管这种连锁是企业自身的连锁，还是加盟的连锁，都可以推进。也可以通过定牌生产、监制生产等形式在新品牌的生产制造上形成规模化、集约化生产经营。

品牌是一个企业发展和生存的灵魂，一定要把企业的长期发展战略和企业品牌联系起来，以此维持企业的健康发展。

5. 人才战略

人力资本是在开发利用人力资源过程中形成的。人力资本是企业的一项重要的无形资本。人力资源管理可以通过降低成本、增加产品和服务差别来帮助一个企业获得竞争优势。因此，人力资本理论成为现代经济增长理论的核心。有的专家经过大量的实证分析得出结论，在同样的设备条件下，增加人力投资，可以达到 1∶7 的高投入产出比。日本企业长期以来，把提高人的素质的无形投入放在重要地位，取得了显著的经济效益。被世界企业誉为"经营之王"的松下幸之助就有一个明确的信条："松下是制造人的，兼之制造电器。"成功的先例值得借鉴，笔者认为我国企业可从以下几点把握人才战略的选择。

（1）树立正确的人才观念

实现从狭隘的人才观到全面的人才观的观念转变，即从单纯的技术人才观到多样性、多层次性的全面人才观。由于历史与社会的原因，我国企业普遍认为人才就是指技术人才，它们将企业经营中的诸多问题归根于缺乏技术人才。这种狭隘的人才观，使我国企业形成一种对技术人才的依赖性，难以发现自身面临的真实问题，也不重视人才管理体制的系统建设，从而使企业难以获得长期稳定的发展。技术人才对企业经营的成败确实很关键，笔者也确实看到这样的情况：一个技术上的突破，使企业面貌焕然一新。但这种情况是有条件的，它并不发生于大多数企业中。多数的情况是企业在有序的运作中推进技术进步和创新，技术人才也只是企业经营中一个重要的方面。企业作为一个整体、一个系统，还需要经营管理类人才、业务销售类人才等。

（2）建立有效的招聘体系

有效招聘体系的创建并不完全出于招聘工作本身的任务要求，而是要以组织经营发展的战略为中心、围绕组织的中短期经营目标、结合整个社会经济发展来开展工作。这就要求企业在制定工作目标、方法及具体的工作中建立科学有效、反应迅速、灵活多样的招聘体系，最大程度保证组织的稳定发展，减少招聘工作中的盲目性和随意性。

（3）以正确的管理方式管理企业员工

建立适用的人才机制，最有效的人才策略源于企业人才机制的建立。我国企业应结合自身的优势和特点，建立适用于自身的一系列人才机制。可选用的有：①薪资激励。通过改变薪资构成和薪资发放来达到对人才的吸引。薪资构成不要太复杂，只需分为固定部分和浮动部分就可以了。固定部分是企业对员工最基本的关心与保障，这是薪资构成必不可少的部分。浮动部分则是员工能力的体现。需要指出的是，浮动额度要有充分的依据，中国人好攀比，不患寡而患不均，没有理由或理由不明显的薪资浮动会引发许多棘手的问题。②职位激励。职位的高低不但与薪资的高低直接挂钩，而且按照马斯洛需求层次理论：人的需求从物质层面（住房、食物、金钱等）过渡到心理层面（友谊、爱情、受尊重等）到最高层面的精神层面（自我存在价值的实现）。当低层面需求满足后，就会自觉追求高层面需求，这就体现为对职位的追求。我国企业在员工职位晋升上应以能力绩效为依据，在员工能力绩效问题允许的范围内，结合企业自身的实际情况，按照能者上、庸者下的原则，给员工以公平合理的职位晋升，充分体现企业对人才能力的注重。

5.4.2 政府外部政策支持

在调研过程中，笔者发现企业渴望得到政府以及行业协会的相关支持。在市场竞争环境下，价格战愈演愈烈，企业需要有关协会出面加以干涉和调节。在展会的联系上、高新技术的引进上以及与高校的合作上，企业都需要协会、政府提供相关的帮助。作为外向型企业，在对外贸易上，不可避免地会遇见国际性的困难，这时企业就更需要政府作为它们的代言人，保护它们的合法利益不受侵犯。笔者认为，政府可以从以下两个方面加强工作。

1. 为企业营造优良的开发环境

企业实施和推进品牌战略不是轻而易举的事，除了企业的内部环境之外，还要有一个优良的外部环境。特别是在我国这样刚刚走向市场经济的条件下，过早地失去政府支持是不行的。企业实施和推进品牌战略要争取到政府的政策扶持，这是一定不可少的。因此政府会考虑企业的需求，积极为企业提供政策扶持。还要为企业营造一个好的市场环境。通过政府有关部门的协调，打破尚存在的地方保守、垄断、割据等"围墙"。政府还要加强对资本运营的监督和管理，使之有利于形成良好的市场环境和市场秩序。最后为企业提供法律保护伞。企业在品牌开发上，是一个实实在在的知识产权，是知识经济。知识经济离开了法律的保护，不是夭折，就是会流失。所以，政府应该为企业营造一个知识产权的法律保护环境，这将是帮助企业实施品牌战略的一个十分重要的工作。

2. 转变政府职能

改革政府审批制度，简化办事手续，为企业提供优质服务。抓好配套改革，加快以养老保险、失业保险、医疗保险为主的社会保障体系建设。深化国有资产管理体制改革，努力推进政府社会管理职能与资产所有者职能、国有资产管理职能与经营职能、国家终极所有权与企业法人财产权"三分离"，建立有效的国有资产监督、管理和营运机制。大力培育人才、技术、房地产、产权交易等市场，发展各类社会中介服务组织，促进生产要素优化配置。抓住机遇，形成更为开放的发展体系。一是加大引资力度。健全动态项目储备制度，增加引资额度，并努力扩大外资领域，力争外资引进在金融领域有所突破。二是帮助企业创造条件，取得进出口经营权，努力开拓国际市场，扩大边境贸易，尤其要加强与国外华侨、华人的联系，扩大产品出口份额。三是完善涉外体系，改革对外管理机构，争取设立海关、出入境检验、检疫等涉外机构。

参考文献

[1] 张德海，王美英. 物流服务供应链协同理论与实践研究 [M]. 重庆：重庆大学出版社，2011.

[2] 洪敏. 财务治理研究 [M]. 合肥：合肥工业大学出版社，2011.

[3] 张家伦. 企业集团财务管理专题研究 [M]. 北京：中国金融出版社，2010.

[4] 张浩. 企业战略协同机制的优化 [M]. 北京：经济科学出版社，2010.

[5] 邱皓政，林碧芳. 结构方程模型的原理与应用 [M]. 北京：中国轻工业出版社，2009.

[6] 邹志勇. 企业集团协同能力研究 [M]. 济南：齐鲁书社，2009.

[7] 亚当·斯密. 国富论 [M]. 北京：人民日报出版社，2009.

[8] 耿云江. 企业集团财务控制体系研究 [M]. 大连：东北财经大学出版社，2008.

[9] 张知. 企业集团母公司对子公司财务风险控制研究 [M]. 北京：企业管理出版社，2012.

[10] 陈虎，孙彦丛，赵旖旎等. 从新开始 [M]. 北京：中国财政经济出版社，2017.

[11] 饶艳超. 财务共享服务沙盘模拟教程 [M]. 上海：上海财经大学出版社，2017.

[12] 张庆龙，聂兴凯，潘丽靖. 中国财务共享服务中心典型案例 [M]. 北京：电子工业出版社，2016.

[13] 陈剑，梅震. 构建财务共享服务中心 [M]. 北京：清华大学出版社，2017.

[14] 张庆龙，潘丽靖，张羽瑶. 财务转型始于共享服务 [M]. 北京：中国财政经济出版社，2015.

[15] 陈虎，李颖. 财务共享服务行业调查报告 [M]. 北京：中国财政经济出版社，2011.

[16] 罗斯，威斯特菲尔德，杰富. 公司理财 [M]. 北京：机械工业出版社，2012.

[17] 盛毅. 中国企业集团发展的理论与实践 [M]. 北京：人民出版社，2010.

[18] 陈萍，潘晓梅. 企业财务战略管理 [M]. 北京：经济管理出版社，2010.

[19] 周守华，汤谷良，陆正飞，等. 财务管理理论前沿专题 [M]. 北京：中国人民大学出版社，2013.

[20] 中国财务公司协会. 中国企业集团财务公司年鉴 2017[M]. 北京：中国金融出版社，2017.

[21] 中国财务公司协会，中国社会科学院财经战略研究院.中国企业集团财务公司行业发展报告（2017）[M].北京：社会科学文献出版社，2017.

[22] 张瑞君.企业集团财务管控 [M]4 版.北京：中国人民大学出版社，2015.

[23] 高晓丽等.集团企业财务管理实务 [M].北京：中国财政经济出版社，2017.

[24] 罗华伟，王运陈，唐曼萍，等.企业财务宏观问题研究 [M].北京：经济管理出版社，2017.

[25] 刘珣.企业财务危机管理研究 [M].武汉：武汉大学出版社，2017.

[26] 杨孝海.会计舞弊与企业财务风险研究 [M].郑州：郑州大学出版社，2017.

[27] 张春萍，黄倩.现代企业制度下的财务管理研究 [M].长春：吉林大学出版社，2016.

[28] 项代有.中国企业海外并购财务风险管控因素研究 [M].上海：立信会计出版社，2015.

[29] 周中胜.财政分权、政企关系与企业财务行为研究 [M].上海：立信会计出版社，2013.

[30 张宝强.企业集团财务协同治理的理论分析 [J].会计之友，2013（06）.

[31] 张宝强，罗翠华.基于博弈视角的企业集团母子公司协同治理研究 [J].财会通讯，2013（02）.

[32] 张宝强.企业集团资产重组三维财务协同机理研究 [J].财会通讯，2012（17）.

[33] 李春会，朱永忠.基于信度系数与 α 系数分析结构方程模型 [J].暨南大学学报（自然科学与医学版），2012（03）.

[34] 李毅斌，董千里，孙浩杰.基于流程管理的物流服务供应链运作协同研究 [J].物流技术，2012（09）.

[35] 王泽鹏，余霞.企业集团形成的动因探析 [J].当代经济，2012（09）.

[36] 吴君民，史政杰.公司治理、财务治理与财务管理关系的辨析 [J].会计之友，2012（09）.

[37] 张捷，肖金霞.企业并购切忌财务协同效应"合"而不"协"[J].交通财会，2011(12).

[38] 周文琴.企业集团财务协同研究 [J].经营管理者，2011（10）.

[39] 张贝.浅析企业利益相关者的管理 [J].行政事业资产与财务，2011（04）.

[40] 胡旭峰.企业集团财务管理模式优化探析 [J].财会学习，2017（09）.

[41] 郭海彬.加强国有企业财务管理　提高企业经济效益 [J].中国管理信息化，2017（05）.

[42] 邵春萍.集团公司财务管理模式优化探讨 [J].行政事业资产与财务，2016（36）.

[43] 赵学辉.现代企业集团财务管理模式创新探索 [J].企业改革与管理，2016（19）.

[44] 高海燕.集团公司财务管理模式优化路径 [J].财会通讯，2016（20）.

[45] 王振.ERP 环境下集团公司财务管理优化模式的研究 [J].财经界（学术版），

2016（09）.

[46] 高鹏.论新常态下企业集团财务管理模式的构建 [J].财经界（学术版），2016（05）.

[47] 王亚杰,樊林芬.浅论我国企业集团财务管理模式的选择 [J].中国市场,2015（33）.

[48] 程顺华.大型企业集团财务管理模式优化研究 [J].财经界（学术版），2015（12）.

[49] 张咏梅.集团公司财务管理模式优化探讨 [J].企业改革与管理，2015（06）.

[50] 陈潇怡,李颖.大数据时代企业集团财务共享服务的创建 [J].财会月刊,2017（04）.